길 없는 산에서
100억
가치를 찾다

길 없는 산에서 100억 가치를 찾다

스노보드 국가대표, 만평 맹지로
반려견 비즈니스 생태계를 세우다

초 판 1쇄 2025년 10월 15일

지은이 박산(박광수)
펴낸이 류종렬

펴낸곳 미다스북스
본부장 임종익
편집장 이다경, 김가영
디자인 윤가희, 임인영
책임진행 이예나, 김요섭, 안채원, 김은진

등록 2001년 3월 21일 제2001-000040호
주소 서울시 마포구 양화로 133 서교타워 711호
전화 02) 322-7802~3
팩스 02) 6007-1845
블로그 http://blog.naver.com/midasbooks
전자주소 midasbooks@hanmail.net
페이스북 https://www.facebook.com/midasbooks425
인스타그램 https://www.instagram.com/midasbooks

ⓒ 박산(박광수), 미다스북스 2025, *Printed in Korea*.

ISBN 979-11-7355-513-8   03320

값 19,500원

※ 파본은 구입하신 서점에서 교환해드립니다.
※ 이 책에 실린 모든 콘텐츠는 미다스북스가 저작권자와의 계약에 따라 발행한 것이므로 인용하시거나 참고하실 경우 반드시 본사의 허락을 받으셔야 합니다.

미다스북스는 다음세대에게 필요한 지혜와 교양을 생각합니다.

길 없는 산에서 100억 가치를 찾다

스노보드 국가대표, 만평 맹지로
반려견 비즈니스 생태계를 세우다

박산(박광수) 지음

미다스북스

머리말

이 책을 집어 든 독자에게

저는 책을 많이 읽었지만 모든 책이 제 삶을 바꾸지는 못했습니다. 뜬구름 잡는 이론만 늘어놓은 자기계발서가 더 많았습니다. 그럼에도 그 속에서 인생의 방향을 실제로 바꿔준 책들을 만났습니다.

그중 하나가 『세이노의 가르침』입니다. 처음 접했을 때는 책이 아닌 칼럼 형식이었습니다. 하지만 거기서 배운 원칙을 삶에 적용하며 지금의 저를 만들었습니다. 이 책에서는 직접 언급하지 않았지만 반드시 추천하고 싶은 책입니다. 본문에서 이야기할 『부자 아빠 가난한 아빠』, 『부의 추월차선』, 『10배의 법칙』에 『세이노의 가르침』까지, 이 네 권은 제 삶을 송두리째 바꾸었습니다.

　다른 자기계발서도 좋지만 이 네 권만 제대로 읽고 실행한다면 인생을 바꾸기에 충분합니다. 저는 그 힘을 온몸으로 부딪치며 처절하게 느꼈고 마침내 다짐했습니다. 뜬구름 잡는 이야기에 실망해 책의 변화의 힘을 외면하는 사람들에게 "제대로 된 원칙을 실행하면 반드시 삶이 바뀐다"는 걸 직접 증명해 보이겠다고요. 이 책은 바로 그 결과물입니다. 책은 분명 우리를 부의 세계로 이끌 강력한 도구입니다.

목차

머리말 004

 결핍이 싹 틔운 성공의 꿈
  1 유년 시절, 결핍이 새긴 부의 열망 011
  2 군대, 인생의 나침반을 찾다 013

 실천하고 배우며 성장의 발판을 다지다
  1 '부자 아빠'의 가르침을 안고 세상으로 017
  2 스물다섯 첫 사장님, 성공과 실패의 교차점 023
  3 흔들리는 첫 사업과 구명보트, 부동산 경매 028

 열정과 깨달음, 새로운 가능성을 발견하다
  1 스노보드, 설원 위 뜨거운 열정 037
  2 보호대, 안전이 준 더 큰 용기 043
  3 생각이 현실로, 나를 믿는 용기 048

모든 것의 핵심, '요령'을 발견하다

   1 성공의 숨겨진 열쇠, '요령' 057
   2 '요령'과 '부의 추월차선' 원칙으로 임야에서 새로운 길을 찾다 066

임야, 맨몸으로 부딪쳐 길을 열다

   1 광주 임야 도전, 이론과 현실의 벽 075
   2 트리하우스에서 '펫 마운틴' 탄생까지 086
   3 성공 뒤 그림자, 관계의 균열 094
   4 상처를 넘어 여주에서 다시, 희망을 품다 101

여주 임야 개척기, 경험을 무기로 꿈을 현실로 만들다

   1 여주에서 찾은 성공 씨앗, 투자의 기본기 111
   2 임야 투자 첫걸음, 경매 권리분석 핵심 118
   3 임야의 '급'과 준보전산지의 진짜 가치 124
   4 맹지와의 정면승부, 저평가된 보석을 찾다 131
   5 끝나지 않는 민원 전쟁, 공무원 대처의 기술 141
   6 경험은 나침반, 여주에 뜬 첫 삽 146
   7 마이너스에서 희망으로, 위기 돌파의 한 수 151
   8 여주점 오픈, 그리고 더 큰 꿈을 향해 158

꿈의 확장, 그리고 또 다른 관문들

   1 꿈의 확장: 왜 '마당 있는 작은 집'인가 167
   2 집을 넘어, 행복한 노후를 디자인하다 172

3 '내 땅' 만들기: 소유권 확보와 자금 현실 176
4 돈보다 신뢰와 능력, 기회 창출의 힘 181
5 스노보드의 지혜: 사람의 마음 읽기 185
6 첫 도전 카드 '임업인 주택'과 현실의 벽 189
7 보이지 않는 벽, 협상 결렬과 새 깨달음 193
8 현실의 무게와 끝없는 번아웃 198
9 벼랑 끝 선택, 단 하나의 길에 집중하다 202
10 등잔 밑의 열쇠, 마침내 발견하다 206
11 진짜 길을 열다: 정면 돌파와 협상의 저력 210
12 승리의 방정식: 협상과 법리라는 두 열쇠 213
13 한 줄기 빛 너머의 어둠: 도로 규격과 대출 장벽 218
14 마지막 승부수: 6천만 원의 약속, 새로운 희망 222
15 위기의 구원투수: 투자 유치와 역할 재정립 226

멈추지 않는 도전, 100억 자산가를 향한 현재와 미래

1 안주하지 않는 영혼과 '10배의 법칙' 235
2 더 높은 정상으로: 6미터 도로라는 새 도전 240
3 돌아가는 듯 가장 빠른 길 (6미터 도로 확보!) 244
4 성장을 증명할 마지막 시험대 249
5 데크 문제 해결, 예상된 결과와 또 다른 기회 258
6 마침내 터져 나온 결실, 이틀의 기적 262
7 독심(DOGSIM), 세상을 바꾸는 반려견 생태계를 꿈꾸다 265

갈무리하는 글 당신의 위대한 점프를 응원하며 276

서막

결핍이
싹 틔운
성공의 꿈

유년 시절,
결핍이 새긴 부의 열망

어린 시절 저는 방 두 칸짜리 월세방에서 푸세식 화장실을 써야 했습니다. 밤에 화장실 가는 것조차 두려웠고 열악한 환경이 주는 불편함은 어린 나이에 참기 힘든 과제였습니다. 이 경험은 제 마음 깊은 곳에 '더 나은 환경에서 살고 싶다'는 강렬한 열망을 심어주었습니다. 그 시절의 결핍감은 훗날 제가 사업가로 단단하게 성장하고 부를 향해 끊임없이 도전하는 중요한 밑거름이 되었습니다.

다행히 부모님께서 화원 사업을 시작하며 형편이 점차 나아졌고 낡은 월세방을 떠날 수 있었습니다. 하지만 유년기의 강렬했던 기억, 특히 푸세식 화장실의 불편함은 제게 확고한 다짐 하나를 새겼습니다. '성공하면 다른 것은 몰라도 생활 공간, 특히 위생과 직결된 부분만큼은 최고로 관리하리라.' 이 작은 다짐은 훗날 제가 임야를 개발하고 반려동물을 위한 특별한 공간을 구상하는 데까지 이어진 중요한 가치관이 되었습니다. 누군가에게 사소한 어린 시절의 경험이 한 사람의 인생 전체를 관통하는 강력한 동기가 되기도 합니다.

군대,
인생의 나침반을 찾다

솔직히 철없던 시절의 저는 어떻게든 군 복무를 피하고 싶었습니다. 결국 스물두 살, 다소 늦은 나이에 입대했습니다. 이등병과 일병 시절은 새로운 환경에 적응하느라 정신없이 흘러갔습니다.

상병이 되어 약간의 여유가 생겼을 때, 저는 운명 같은 책 한 권을 만났습니다. 부대 서가에 꽂혀 있던 로버트 기요사키의 『부자 아빠 가난한 아빠』였습니다. 막연히 성공하고 싶다는 생각만 있던 제게 이 책은 '어떻게 부자가 될 수 있는가'에 대한 구체적인 탐구심을 안겨주었습니다. 그 순간이 제 인생의 방향이 바뀐 결정적인 전환점이었습니다.

그 책을 만난 후 시간이 날 때마다 몇 번이고 반복해서 읽었습니다. 책장을 넘길수록 안개가 걷히듯 새로운 세상이 보였고, '내 삶을 어떻게 변화시킬까' 하는 진지한 고민에 빠져들었습니다. 단 한 권의 책이었지만 제 안에 잠들어 있던 '경제적 자유'의 꿈을 일깨웠습니다. 막연했던 목표를 향해 나아갈 구체적인 행동 계획을 세워준 결정적인 계기였습니다. 저는 더 이상 군 복무 기간을 흘려보내는 사람이 아니었습니다. 전역 후 펼쳐질 새로운 삶, '부자 아빠'의 가르침을 실현할 미래를 그리며 저만의 조용한 혁명을 준비하기 시작했습니다.

인생에서 가장 예기치 않은 순간, 가장 평범한 장소에서 우리는 삶의 방향을 송두리째 바꿀 지혜나 기회를 만나기도 합니다. 그것을 알아보고 붙잡을 수 있는 열린 마음과 준비된 자세가 중요할 것입니다.

1부

실천하고 배우며 성장의 발판을 다지다

'부자 아빠'의
가르침을 안고 세상으로

군복을 벗고 마주한 사회는 여전히 막막했지만 제 안에는 이전과 다른 뜨거운 열정이 꿈틀거렸습니다. 군 복무 시절 만난 『부자 아빠 가난한 아빠』는 제 머릿속을 온통 '경제적 자유'라는 목표로 채웠습니다.

대학에 복학해 남들처럼 평범하게 스펙을 쌓을 수도 있었습니다. 하지만 당시 제게는 그럴 시간적, 심리적 여유가 없었습니다. 하루라도 빨리 '부자 아빠'의 가르침을 제 삶에 적용해보고 싶었습니다. 그 책을 시작으로 수많은 자기계발서를 읽으며 '종잣돈'이라는 실탄의 필요성을 더욱 절실히 느꼈습니다.

그래서 가장 먼저 향한 곳은 집 근처 이마트였습니다. "가까운 곳에서 일하라." 많은 자기계발서가 공통으로 강조하는 첫 지침이었습니다. 시간과 에너지를 아껴 목표에 집중하기 위한 기본 전략이었기에 망설임 없이 그곳에서의 시작을 결심했습니다.

이마트 청과 코너 파트타이머. 스물넷, 어쩌면 남들보다 조금 늦은 사회생활의 시작이었습니다. 하지만 제 마음가짐은 확고했습니다. 저는 스스로를 단순한 아르바이트생이 아닌 '경제적 자유'라는 꿈을 이루기 위한 첫 전장에 선 전사라 여겼습니다. 이 작은 시작에서 반드시 의미 있는 성과를 만들겠다고 다짐했습니다. 어떤 일이든 의미를 스스로 부여할 때 평범한 일상도 비범한 성장의 무대가 될 수 있다고 믿었습니다.

"인사를 잘하라." 책에서 얻은 두 번째 미션이었습니다. 군대에서 몸에 밴 습관이기도 했지만 저는 이 단순한 행동을 의식적으로 더 적극 실천했습니다. 정직원, 동료 파트타이머, 납품업체 직원까지 마주치는 모든 분께 먼저 다가가 허리를 굽혀 우렁차게 인사했습니다. "안녕하십니까! 오늘부터 함께 일하게 된 박산입니다!"

처음에는 다들 '웬 신입사원인가? 그냥 아르바이트생인데?' 하는 어리둥절한 표정을 지었습니다. 하지만 개의치 않았습니다. 기본적인 예의와 밝은 에너지를 전달하는 것이야말로 저라는 사람을 긍정적으로 각인시키는 가장 빠르고 효과적인 방법임을 알았기 때문입니다. 얼마 지나지 않아 저를 '인사성 밝고 활기찬 청년'으로 기억해 주시기 시작했습니다.

"맡은 일을 제대로 하라." 역시 책에서 강조한 또 다른 가르침이었습니다. 저는 청과 코너에서 제 '맡은 일'이 무엇일까 깊이 고민했습니다. 단순히 과일을 진열하고 파는 것이 전부일까? 아니, 그 이상을 해내야 했습니다. 그래서 다른 동료들이 자리를 비울 때도 매대에 남아 과일의 신선도를 살피고 주변을 청결히 유지하기 위해 부지런히 쓸고 닦았습니다. 마감 시간이 다가오면 누구보다 큰 목소리로 외쳤습니다. "마감 세일! 마감 세일입니다! 지금 구매하시면 정말 알뜰한 쇼핑하시는 겁니다!"

다른 아르바이트생들은 쭈뼛거리며 나서지 못했지만 저는 부끄럽지 않았습니다. 오히려 즐거웠습니다. 저의 적극적인 모습에 손님들의 발길이 멈추고 실제로 물건을 구매하는 모습을 볼 때면 큰 보람을 느꼈습니다. 이러한 태도는 정직원분들은 물론 오랜 시간 매장을 지켜온 협력업체 여사님들의 눈에도 좋게 비쳤습니다. "저 총각, 참 일 열심히 해.", "싹싹하고 보기 좋네." 같은 칭찬은 제게 더 큰 동기 부여가 되었습니다. 작은 일이라도 주인의식을 갖고 최선을 다하면 주변의 인정과 새로운 기회는 자연스럽게 따라온다는 것을 배웠습니다.

기회는 생각보다 빨리 찾아왔습니다. 어느 날 2층 가전 코너 담당자가 저를 따로 불렀습니다. "박산 씨, 쿠쿠밥솥 판매 한번 해볼 생각 없어요? 인센티브도 있어서 지금보다 훨씬 많이 벌 텐데요."

저의 성실함과 적극적인 자세를 눈여겨본 그분이 스카우트 제의를 한 것이었습니다. 당시 청과 코너 월급 80만 원에서 인센티브를 포함해 150만 원 이상을 받을 수 있는, 거의 두 배에 가까운 조건이었습니다. 저를 아껴주시던 청과 코너 담당자님께는 죄송했지만 그분은 제 앞날을 진심으로 응원하며 흔쾌히 보내주셨습니다. 저는 스스로의 노력으로 더 나은 기회를 만들었습니다.

  2층 가전 매장으로 옮긴 후에도 제 행동 원칙은 변함없었습니다. 고객 응대는 최선을 다했고 거기에 더해 '남들이 주목하지 않지만 중요한 일'을 찾아 나섰습니다. 바로 창고 정리였습니다. 군 복무 시절 1종 군수 보급병으로 근무하며 물품을 관리하고 장부를 정리했던 경험이 떠올랐습니다. 담당자분께 "제가 창고 정리를 좀 해도 괜찮겠습니까?" 여쭤보니 조금 의아해하면서도 흔쾌히 허락했습니다.

  저는 쉬는 시간을 활용해 창고로 들어갔습니다. 그곳에는 밥솥뿐 아니라 온갖 가전제품이 뒤죽박죽 쌓여 있었습니다. 저는 큰 제품은 뒤로, 작은 제품은 앞으로 배치하고 모델별, 종류별로 체계적으로 분류했습니다. 그 결과 재고 파악이 훨씬 쉬워졌고 물건 찾는 시간도 눈에 띄게 줄었습니다.

  "설거지부터 잘하라."는 책 속 가르침이 바로 이런 의미였을 겁니다. 시키는 일만 하는 게 아니라 보이지 않는 곳에서부터 시스템 전체의 효율을 높이는 것. 저의 자발적인 행동은 또 한 번 주변의 인정을 받았고 결국 협력업체 직원임에도 정직원처럼 월차를 받는 파격적인 대우까지 받았습니다.

"먼저 자신의 가치를 보여주어야 더 큰 기회가 온다." 저는 이 소중한 진리를 다시 온몸으로 체감했습니다.

동시에 저는 주변에서 '독하다'는 말을 들을 만큼 철저하게 돈을 아꼈습니다. 천 원짜리 커피 한잔을 마실 때조차 '이 돈이 모이면 한 달에 3만 원, 1년이면 36만 원'이라고 먼저 생각했습니다. 친구들과의 불필요한 술자리를 최소화했고 모든 지출을 신중하게 결정했습니다. 책에서 배운 대로 '선저축 후지출' 원칙을 철저히 실천했습니다. 월급이 들어오면 목표 금액을 먼저 저축하고 남은 돈으로 생활하는 방식이었습니다.

처음에는 빡빡하게 느껴졌지만 통장에 종잣돈이 쌓이는 것을 눈으로 확인할 때마다 미래를 위한 현재의 절제가 결코 헛되지 않음을 느꼈습니다. 그렇게 저는 남들보다 훨씬 짧은 기간에 제 인생의 첫 '성공을 위한 실탄'을 마련했습니다. 이 경험은 제게 '작은 실천과 꾸준함이 만드는 복리의 힘'을 가르쳐주었습니다.

스물다섯 첫 사장님,
성공과 실패의 교차점

 제 손에는 피땀 흘려 모은 종잣돈 2천만 원과 저의 성실함을 믿고 부모님께서 "이 돈으로 네 꿈을 한번 펼쳐보거라." 하시며 빌려주신 1천만 원, 총 3천만 원이 쥐어져 있었습니다. 이 돈은 단순한 액수를 넘어 제 노력에 대한 가족의 인정이자 미래를 향한 든든한 응원이었습니다.

 저는 이 귀한 돈으로 마침내 꿈의 첫 단추를 꿰기로 했습니다. "설령 실패하더라도, 네 사업을 먼저 경험하라!" 책에서 읽은 한마디가 큰 용기를 주었습니다. 스물다섯, 저는 그렇게 '사장님'이라는 이름으로 첫 사업에 도전했습니다.

 '어떤 사업을 해볼까?' 고민 끝에 당시 새롭게 떠오르던 보드게임 카페가 눈에 들어왔습니다. 비교적 적은 자본으로 시작할 수 있고 무엇보다 제가 즐기면서 운영할 수 있으리라는 기대감이 컸습니다.

사업 장소는 제가 살던 이천으로 정했습니다. 임대료 부담이 적으면서 젊은 유동 인구가 있는 번화가 입구 3층이 최적의 장소라 판단했습니다. 여기서도 이마트 시절의 '절약 정신'을 십분 활용했습니다. 지방에서 폐업한 보드게임 카페 소식을 듣고 한달음에 달려가 단돈 300만 원에 게임과 집기 대부분을 확보했습니다.

인테리어 예산도 넉넉하지 않았습니다. 전문가에게 전부 맡기는 대신 전기와 조명 공사 등 꼭 필요한 부분에만 500만 원을 투자했습니다. 페인트칠부터 가구 배치, 소품 꾸미기까지 약 200만 원 예산으로 직접 해결했습니다. 지금 돌이켜보면 어설픈 공간이었지만 당시에는 제 열정과 땀이 고스란히 담긴 소중한 첫 사업장이었습니다.

보증금 2천만 원에 월세 70만 원. 총 3천만 원 정도의 비용으로 '루미 보드게임 카페' 간판을 올렸을 때 제 심장은 설렘과 기대로 터질 듯했습니다.

다행히 초반 반응은 예상보다 훨씬 뜨거웠습니다. 당시 이천에는 경쟁 업체가 거의 없었고 보드게임이라는 아이템 자체가 신선하게 받아들여져 많은 손님이 카페를 찾았습니다. 주말이면 빈자리를 찾기 어려울 정도였고 덕분에 제 주머니는 갑자기 두둑해졌습니다. 스물다섯 어린 나이에 '사장님' 소리를 들으며 북적이는 가게를 보니 세상을 다 얻은 듯했습니다. 그때 저는 '부자가 되는 것이 생각보다 어렵지 않구나' 하는 안일하고 오만한 생각마저 했습니다.

하지만 달콤한 성공 뒤편에서 문제가 서서히 고개를 들었습니다. 어느새 주 고객층은 제가 예상했던 20대 대학생이나 커플이 아닌 초등학생과 중학생으로 채워졌습니다. 아이들은 활기찼지만 소란스러운 분위기를 만들었습니다. 그 결과 조용히 게임을 즐기거나 데이트하러 왔던 성인 손님들은 시끄러운 분위기를 견디지 못하고 하나둘 발길을 끊었습니다. 제가 직접 꾸민 어설픈 인테리어도 성인 고객의 세련된 취향에는 미치지 못했을 겁니다.

솔직히 저는 문제를 분명히 인지하고 있었습니다. 하지만 정면으로 마주하고 싶지 않았습니다. 당장 눈앞의 어린 학생들이 돈을 내는 손님이었기에 저는 그 순간의 달콤함에 취해 변화를 외면했습니다. '어떻게든 되겠지.', '이 정도면 괜찮아.' 하는 안일한 생각으로 현실에 안주했습니다. 가게 분위기를 쇄신하거나 성인 고객을 다시 유치하기 위한 마케팅 전략을 고민하지 않았고 인테리어를 개선하려는 노력도 기울이지 않았습니다. 젊은 날의 자만심과 사업 경험 부족이 부른 치명적인 실수였습니다.

결국 '루미 보드게임 카페'는 동네 청소년들의 아지트처럼 변했고 수익은 눈에 띄게 줄었습니다. 처음 사업을 시작할 때 가졌던 뜨거운 열정은 식었고 저 역시 가게에 예전만큼 애정을 쏟지 않았습니다. 마침 제가 스노보드라는 새로운 열정에 빠지면서 저의 첫 사업은 아쉬운 막을 내렸습니다.

비록 실패로 끝났지만 이 첫 사업은 돈 주고도 못 살 값진 교훈을 남겼습니다.

첫째, 사업 성공은 좋은 아이템만으로 보장되지 않습니다. 명확한 타겟 고객을 설정하고 그들의 필요를 정확히 파악하여 만족스러운 환경과 서비스를 제공하는 것이 무엇보다 중요합니다.

둘째, 초반의 성공에 안주하는 순간 실패의 그림자가 드리워집니다. 끊임없이 시장 변화를 읽고 문제점을 개선하려는 노력, 즉 '지속적인 혁신'이 없다면 성공은 오래갈 수 없습니다.

셋째, 사업의 주인은 '사장' 자신이어야 합니다. 사장이 주인의식을 갖고 모든 과정을 직접 챙기지 않고 다른 곳에 한눈파는 순간 사업은 방향을 잃고 흔들립니다.

저는 이 쓰라린 실패로 사업의 냉혹함을 체험했고 안정적인 자산으로써 '부동산 투자'의 중요성을 다시 한번 절실히 깨달았습니다. 그건 바로 사업으로 번 돈을 흥청망청 쓰지 않고 꾸준히 부동산 경매에 관심을 가져왔다는 점입니다. 저는 첫 사업 실패라는 잿더미에서 좌절하는 대신 다음 도전을 위한 소중한 밑거름을 얻었다고 생각합니다. 그리고 제 다음 무대는 바로 '부동산 경매'였습니다.

흔들리는 첫 사업과 구명보트, 부동산 경매

운영하던 '루미 보드게임 카페'는 초반의 성공에도 저의 미숙함과 안일함 때문에 서서히 어려움에 직면했습니다. 주 고객이던 성인 손님은 줄었고 가게는 어린 학생들의 소란스러운 놀이터로 변해갔습니다. 수익은 눈에 띄게 감소했고 '이대로 괜찮을까?' 하는 불안감이 마음 한구석에서 피어올랐습니다.

하지만 저는 마냥 좌절하고 있지만은 않았습니다. 이마트 시절부터 꾸준히 읽은 자기계발서들은 위기의 순간에도 제게 끊임없이 새로운 가능성을 속삭였습니다. "하나의 수입원에 만족하지 마라.", "스스로 일하지 않아도 돈이 들어오는 시스템을 만들어라.", 그리고 무엇보다 "결국 부자가 되는 길은 부동산에 있다."는 메시지들이었습니다.

저는 흔들리는 보드게임 카페라는 배 위에서 침몰을 기다리는 대신 새로운 항구를 찾아 항해를 준비하기 시작했습니다. 그 항구의 이름은 '부동산 경매'였습니다.

카페 운영으로 눈코 뜰 새 없이 바빴지만 틈틈이 경매 관련 책들을 파고들었습니다. '카페 운영이 잘못되더라도 내게는 다른 길이 있어야 한다.' 이것은 다가올 실패를 예감한 본능적인 위기감이자 더 큰 부를 향한 멈추지 않는 갈망의 표현이었습니다. 저는 만화로 된 경매 입문서부터 권리분석, 물건 검색 방법을 다룬 전문서적까지 네 권의 책을 빠르게 정독하며 지식을 쌓았습니다.

그러나 이론만으로 충분하지 않다는 것을 잘 알았습니다. 저는 시간을 쪼개 실제 경매가 열리는 법정을 드나들기 시작했습니다. 대부분 나이 지긋한 어른들 사이에서 스물다섯의 저는 이질적인 존재였지만 그분들의 진지한 눈빛과 긴장감 넘치는 입찰 과정을 하나도 놓치지 않으려 애썼습니다. '저분은 왜 저 가격에 입찰했을까?', '요즘은 어떤 물건이 인기가 많을까?' 법정에서 보고 듣는 모든 것이 제게는 생생한 현장 학습이었습니다.

물론 첫 입찰은 패찰의 고배를 마셨습니다. 두 번째, 세 번째 도전도 마찬가지였습니다. 조급한 마음이 들었지만 실패할 때마다 원인을 철저히 복기했습니다. '가격 산정이 너무 보수적이었나?', '물건 분석이 부족했나?' 스스로 끊임없이 질문하며 다음 도전을 준비했습니다.

그리고 네 번째 도전, 경기도 이천시 송정동에 위치한 18평형 신일아파트였습니다. 당시 임대아파트였지만 일부 선분양된 물건이 경매로 나왔고 마침 전체 단지가 일반 아파트로 전환되는 시점이라는 중요한 정보를 파악했습니다. '바로 이거다!' 확신이 들었습니다. 저는 신중하게 권리분석을 마친 후 주변 시세와 아파트의 잠재 가치를 종합적으로 고려해 입찰가를 결정했습니다. 그리고 책에서 본 작은 비법 하나를 적용했습니다. 입찰가 끝자리를 '0'이 아닌 의미 있는 숫자로 채우는 것이었습니다. 고심 끝에 '3,751만 원'을 써냈습니다.

개찰 시간, 제 심장은 터질 듯 요동쳤습니다. 마침내 제 이름이 호명되고 입찰가가 공개되었습니다. 잠시 후 발표된 2등 입찰가는 놀랍게도 '3,750만 원.' 단돈 1만 원 차이였습니다. 순간 법정 안의 모든 시선이 제게 쏠렸습니다. 짜릿함과 안도감이 온몸을 휘감았습니다. 책에서 배운 작은 '요령' 하나가 이처럼 극적인 결과를 만들다니! 저는 그 자리에서 소리라도 지르고 싶은 심정이었습니다.

이 첫 낙찰은 제게 단순한 성공 이상의 깊은 의미를 남겼습니다. 생애 처음 법적 절차를 통해 부동산 자산을 취득한 경험이었고 불안 속에서도 용기 내 도전하면 반드시 길이 열린다는 소중한 진리를 스스로 증명한 사건이었기 때문입니다. 잔금을 치르기 전까지 마음 한구석이 불안했지만 저는 이미 다음 단계를 그리고 있었습니다. 이 아파트를 발판 삼아 더 큰 부를 향해 나아갈 계획을 말입니다.

결과적으로 이 투자는 기대 이상의 큰 성공을 안겨주었습니다. 해당 아파트는 일반 아파트로 전환되면서 가치가 크게 상승했습니다. 저는 5,800만 원에 전세를 놓아 대출금(2천만 원)을 상환하고도 3,800만 원의 현금을 손에 쥘 수 있었습니다.

저는 이 소중한 종잣돈을 바탕으로 다시 대출을 활용해 다음 투자처를 물색했습니다. 이번에는 경기도 여주에 신축 중이던 보광 그랑베르 22평형 아파트였습니다. 경매 물건은 아니었지만 미분양 상태로 남은 물건을 좋은 조건에 매수할 기회가 생겼습니다. 저는 직접 현장을 방문해 입지를 꼼꼼히 분석했습니다. 이마트 입점과 전철 개통 예정이라는 개발 호재, 그리고 22평형임에도 화장실이 2개나 있다는 독특한 장점을 확인하고 투자를 결정했습니다.

이 아파트 역시 예상대로 가치가 꾸준히 상승했고 저는 신일아파트를 8,900만 원에, 보광 그랑베르 아파트를 1억 2,500만 원에 성공적으로 매도하며 자산을 불려 나갔습니다. 그 후로도 빌라, 오피스텔 등 다양한 부동산을 경매로 꾸준히 낙찰받아 매매를 반복했습니다. 당시에는 지금처럼 부동산 경매가 널리 알려지기 전이라 경쟁이 비교적 치열하지 않았습니다.

보드게임 카페는 결국 문을 닫는 아픔을 겪었지만 저는 그 실패 속에서 이미 새로운 기회의 씨앗을 발견하고 키워 나가고 있었습니다. 흔들리는 배에서 뛰어내릴 수 있는 '부동산 경매'라는 튼튼한 구명보트를 미리 준비해둔 것이었습니다. 이때 다져놓은 부동산 경매 지식과 실질적인 투자 경험은 이후 제 인생의 가장 든든한 '경제적 안전판'이자 더 큰 도전을 위한 '성장의 기반'이 되었습니다. 저는 이 경험을 통해 실패를 두려워하지 않고 끊임없이 새로운 도전을 할 수 있는 단단한 내공을 갖추게 되었습니다.

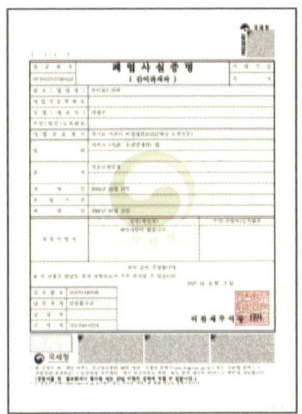

길 없는 산에서 100억 기치를 찾다

2부

열정과 깨달음, 새로운 가능성을 발견하다

스노보드,
설원 위 뜨거운 열정

　부동산 투자는 제게 경제적 안정과 '시간'이라는 귀한 선물을 안겨주었습니다. 하지만 제 안의 뜨거운 무언가는 끊임없이 새로운 도전을 갈망했습니다. 그러던 중 오래전 단 한 번 경험했던 강렬한 기억이 문득 떠올랐습니다. 하얀 눈 위를 자유롭게 가르던 스노보드의 짜릿함이었습니다.

　스노보드와의 첫 만남은 이마트 직원 시절 동호회 활동이었습니다. 처음 데크 위에 올라섰을 때의 어색함과 수없이 반복된 넘어짐. 하지만 이상하게도 불쾌하지 않았습니다. 온몸으로 느껴지는 속도감과 아슬아슬하게 균형을 잡아나가는 과정 자체가 큰 매력으로 다가왔습니다. 다만 당시에는 종잣돈 모으기에 집중하느라 경제적 부담이 큰 스노보드는 단 한 번의 경험으로 만족해야 했습니다.

그러던 어느 날, 우연히 읽은 고(故) 이건희 회장님 자서전의 한 문장이 제 마음을 강하게 두드렸습니다. "왜 젊었을 때 이런 재미있는 운동(스키)을 배우지 못했을까."라는 회고였습니다. 그 순간 강한 열망이 솟아올랐습니다. '그래, 더 늦기 전에 내가 정말 좋아하는 일에 제대로 미쳐보자!'

스물여섯, 저는 그렇게 본격적으로 스노보드의 세계에 뛰어들었습니다. 그때만 해도 제가 국가대표의 꿈을 이룰 줄은 상상조차 못 했습니다.

부동산 투자는 한번 자산을 취득하면 시간이 돈을 벌어주는 시스템의 성격이 강했지만 스노보드는 전혀 달랐습니다. 연습할수록 실력이 정직하게 느는 것을 온몸으로 느낄 수 있었습니다. 그 즉각적인 피드백과 성취감은 저를 스노보드의 매력에 더 깊이 빠져들게 했습니다.

마침 부동산 투자 덕분에 시간 여유가 있었기에 저는 모든 시간을 온전히 스노보드 연습에 쏟아부었습니다. 지산스키리조트 시즌권을 구매해 오전 첫 리프트부터 해가 질

때까지 슬로프를 떠나지 않았습니다. 담배도 피우지 않아 다른 사람들이 휴식을 취하는 시간에도 한 번이라도 더 슬로프를 내려오며 연습에 매진했습니다. 온몸이 부서져라 탔고 넘어지면 털고 다시 일어서기를 반복했습니다.

2년 차가 되자 주변에서 '보드 좀 탄다'는 이야기를 듣기 시작했습니다. 당시 가장 활발했던 스노보드 온라인 커뮤니티 '헝그리보더'에서 '루미큐브'라는 닉네임으로 활동하며 인지도를 쌓아갔습니다. 저는 단순히 스노보드를 즐기는 것을 넘어 이곳에서도 사업가적 본능을 발휘하고 있었습니다. '이 분야에서 최고가 되면 경제적 가치를 창출할 수 있지 않을까?' 유명세가 곧 새로운 기회로 이어질 수 있음을 알았기 때문입니다.

좋아하는 일을 하면서 돈까지 벌 수 있다면 그보다 완벽한 삶이 또 있을까요? "좋아하는 일을 해야 남들보다 더 잘할 수 있고 성공할 가능성도 커진다"는 자기계발서의 조언은 강력한 동기 부여가 되었습니다. 스노보드는 더 이상 단순한 취미가 아니었습니다. 저의 뜨거운 열정이자 새로운 가능성을 향한 도전이었습니다.

2부 열정과 깨달음, 새로운 가능성을 발견하다

커뮤니티에서 유명세를 얻자 저는 더 과감한 도전을 이어 갔습니다. 3년 차에는 일반 슬로프를 벗어나 거대한 점프대와 다양한 기물이 설치된 '파크'에 본격적으로 도전했습니다. 하늘을 나는 듯한 짜릿함과 고난도 기술을 성공시켰을 때의 희열! 위험 부담이 컸지만 그만큼 매력적인 도전이었습니다.

4년 차에는 빅에어 아마추어 대회에 출전해 입상했고 더 높은 목표인 '프로 선수'를 바라보게 되었습니다. 더는 불가능해 보이지 않았습니다.

저는 당시 부천 실내 스키장을 제집처럼 드나들며 연습에 몰두했습니다. 여름에도 눈 위에서 훈련할 수 있다는 것은 엄청난 이점이었습니다. 그리고 더 큰 도전을 결심했습니다. 부동산 투자로 벌어들인 돈을 아낌없이 투자해 해외 원정 훈련을 떠나기로 한 것입니다. 뉴질랜드, 캐나다, 일본 등 스노보드 선진국을 찾아 더 넓은 세상에서 뛰어난 선수들과 훈련하며 제 기량의 한계를 시험했습니다.

마침내 5년 차, 저는 프로 대회에서 입상하며 그토록 바라던 스노보드 프로 선수의 꿈을 현실로 만들었습니다. 스물여섯 늦은 나이에 취미로 시작해 불과 5년 만에 이뤄낸 놀라운 성과였습니다. 주변에서는 "그 나이에 대단하다.", "타고난 재능이다."라고 말했지만 저는 분명히 알았습니다. 이것은 결코 재능 덕분이 아니었습니다. 목표를 향한 미친 듯한 열정과 끈기 있는 연습, 성공을 위한 과감한 투자가 만들어낸 값진 결과였습니다.

하지만 이 눈부신 성취의 그늘에서는 잠시 잊고 지냈던 첫 사업의 실패가 조용히 마무리되고 있었습니다. 스노보드에 모든 열정을 쏟는 동안 사촌 동생에게 잠시 맡겨둔 보드게임 카페는 결국 문을 닫고 말았습니다. 이 경험은 제게 또 다른 중요한 깨달음을 주었습니다. "아무리 뜨거운 열정이라도 그것만으로 모든 것을 지켜낼 수는 없다. 성공을 지속하려면 반드시 체계적인 시스템과 철저한 관리가 뒷받침되어야 한다." 그리고 '내 사업은 반드시 내 부동산 위에서 펼쳐야 한다!'는 저만의 원칙을 다시 한번 가슴 깊이 되새겼습니다.

스노보드는 제게 짜릿한 성공의 기쁨과 쓰라린 사업 실패라는 값비싼 교훈을 동시에 안겨주었습니다. 하지만 저는 좌절하지 않았습니다. 이 모든 경험이 저를 더욱 단단하게 만들었고 저는 이 경험들을 자양분 삼아 더 큰 도약을 준비하고 있었기 때문입니다.

보호대,
안전이 준 더 큰 용기

　제가 비교적 짧은 기간에 프로 선수 수준까지 도달한 결정적인 비결 하나를 꼽으라면 주저 없이 '보호대 착용'이라 말하겠습니다. 다른 사람에게는 그저 멋없고 거추장스러운 장비일지 몰라도 저에게 보호대는 더 높이, 더 멀리 날기 위한 '안전이라는 날개'와 같았습니다.

　솔직히 저는 운동 신경에 자신이 있었습니다. 처음 스노보드를 접했을 때부터 몸이 빠르게 반응했고 새로운 기술을 익히는 속도도 남들보다 훨씬 빨랐습니다. 문제는 자신감이 커질수록 더 위험하고 어려운 기술에 도전하고 싶은 욕망도 함께 자란다는 점이었습니다. 제가 꿈꾸던 기술들은 단순히 슬로프를 멋지게 내려오는 수준을 넘어섰습니다. 거대한 점프대를 박차고 날아올라 공중에서 몸을 비트는, 단단한 쇠기물 위를 미끄러지며 균형을 잡는, 그야말로 '곡예'에 가까운 기술들이었습니다. 이런 기술들은 작은 실수 하나가 큰 부상으로 이어질 수 있는 위험성을 안고 있었습니다.

그래서 저는 누구보다 안전에 철저히 대비했습니다. 엉덩이 보호대는 기본이었고 남들은 하나도 제대로 착용하지 않을 때 저는 두 개씩 겹쳐 입을 정도였습니다. 상체 보호대가 대중화되기 전에는 오토바이용 보호대를 구해 스노보드에 맞게 개조해 착용하기까지 했습니다. "둔해 보인다.", "멋없다."는 주변의 시선도 있었지만 전혀 신경 쓰지 않았습니다. 제 목표는 '실패에 대한 두려움 없이' 제 재능과 자신감을 마음껏 펼쳐 다른 사람들이 쉽게 도달하지 못하는 경지에 오르는 것이었기 때문입니다.

"저 친구는 정말 겁이 없나 봐.", "저러다 크게 다치고 말 텐데." 주변의 걱정 어린 시선과 때로는 비아냥도 있었습니다. 하지만 결과는 그들의 예상과 달랐습니다. 이처럼 철저히 보호 장비를 갖춘 덕분에 저는 '넘어져도 괜찮다', '실패해도 다시 도전할 수 있다'는 강력한 심리적 안정감을 얻을 수 있었습니다.

이러한 안정감은 '더욱 과감한 도전'으로 자연스럽게 이어졌습니다. 다른 사람들이 머뭇거리는 높은 점프대에서 감히 시도조차 못 하는 어려운 기술들을 저는 끊임없이 시도하고 넘어지기를 반복했습니다. 중요한 것은 넘어져도 크게 다치지 않았기에 더 빨리 털고 일어나 더 많은 것을 배울 수 있었다는 점입니다. 멋만 부리던 일부 보더들이 부상 트라우마로 성장이 정체되는 동안 저는 안전한 보호대를 믿고 더 높이, 더 빠르게 날아오를 수 있었습니다.

'안전 확보'는 결코 겁쟁이의 소극적인 선택이 아니었습니다. 오히려 더 큰 용기를 내기 위한 가장 현명하고 적극적인 전략이었습니다.

이 깨달음은 자연스럽게 제 투자 철학에도 깊이 자리 잡았습니다. 투자 역시 본질적으로 미래의 불확실성, 즉 리스크를 감수하는 행위입니다. 자신감과 용기 없이는 성공적인 결과를 기대하기 어렵습니다. 하지만 저는 '용기'와 '무모함'은 분명히 다르다고 생각합니다. 스노보드에서 보호대가 제

안전을 지켜주었듯 투자의 세계에서는 '부동산 경매'가 든든한 '보호대' 역할을 해줄 수 있다는 것을 깨달았습니다.

부동산 경매는 단순히 물건을 싸게 사는 기술이 아닙니다. 혹시 모를 실패의 충격을 최소화하고 다시 도전할 기회를 보장하는 일종의 '안전 시스템'에 가깝습니다. 철저한 권리분석과 시장 조사를 통해 잠재적 위험을 미리 예측하고 대비할 수 있습니다. 설령 예상치 못한 변수로 손실을 보더라도 그 범위를 일정 수준(최악의 경우 입찰 보증금 10% 포기)으로 제한할 수 있다는 장점도 있습니다.

보호 장비 없이 무모하게 고난도 기술에 도전하다 선수 생명이 끝나는 스노보더처럼, 아무 안전장치 없이 '묻지 마 투자'를 하다가 큰 실패를 겪고 시장을 떠나는 사람이 너무나 많습니다. 그들은 종종 '부동산 투자는 위험하다'고 말하지만 사실 그들은 '보호대 없이 위험하게 투자하는 방법'만을 경험했을 뿐입니다.

저는 '부동산 경매'라는 든든한 보호대가 있었기에 다른 사람들이 선뜻 도전하기 어려워하는 맹지 임야 같은 고위험 고수익 투자에도 자신감을 갖고 과감히 도전할 수 있었습니다. 실패에 대한 두려움이 줄자 '어떻게 이 리스크를 관리하며 최대 수익을 낼까?'라는 문제에 더욱 집중할 수 있었습니다. 그 과정에서 저만의 '성공 요령'과 '투자 공식'을 만들어 갈 수 있었던 것입니다.

결국 스노보드든 투자든 가장 높이 나는 새는 단순히 용감한 새가 아니라 추락의 위험에 대비하는 지혜와 안전장치를 갖춘 새였습니다. 진정한 용기는 안전이 확보될 때 비로소 빛을 발하며 우리가 상상하는 이상의 결과를 만들어냅니다.

생각이 현실로,
나를 믿는 용기

 돌이켜보면 제 삶은 하나의 긴 '증명'의 과정이었습니다. "사람은 생각하는 대로 이루어진다"는 단순하지만 실로 강력한 명제에 대한 증명이었습니다. 제가 지금 이 자리에서 제 이야기를 전할 수 있다는 사실 자체가 그 명백한 증거라고 확신합니다.

 스물여섯, 다소 늦은 나이에 저는 스노보드라는 새로운 세계에 매료되었습니다. "그 나이에 무슨 운동이냐?", "취미로 즐겨야지, 선수까지 하려는 건 무리다." 같은 주변의 걱정 어린 시선과 비웃음도 적지 않았습니다. 특히 안정적인 삶을 바라셨던 아버지와의 갈등은 깊어질 수밖에 없었습니다. 앞날이 불투명한 비인기 종목의 선수가 되겠다는 아들이 얼마나 철없고 한심하게 보이셨을까요.

하지만 저는 제 가슴속 깊은 곳에서 울리는 목소리를 따르기로 했습니다. 스노보드가 주는 순수한 즐거움과 함께 '이 길에서도 반드시 성공할 수 있다'는 제 자신에 대한 굳건한 믿음이 있었기 때문입니다. 결국 저는 5년의 치열한 노력 끝에 프로 선수로 데뷔했고 서른셋에는 그토록 염원하던 태극마크까지 가슴에 달았습니다. 제 생각이 현실이 되는 감격적인 순간이었습니다.

부동산 경매에 처음 도전했을 때도 비슷했습니다. 지금처럼 경매가 대중화되기 전이라 많은 사람이 '위험하다', 심지어 '나쁜 사람들이나 하는 일'이라는 부정적인 편견을 갖고 있었습니다. 실제로 경매 법정에서 저 같은 젊은이를 찾기 힘들었습니다. 하지만 저는 다른 사람의 편견에 휘둘리지 않았습니다. 책을 통해 배운 객관적인 지식과 스스로의 분석을 믿었고 그 안에서 '저평가된 가치를 발견할 기회'를 분명히 보았습니다. 결과적으로 부동산 경매는 제게 든든한 '부의 안전판'을 마련해주었고 더 큰 꿈에 도전할 소중한 발판이 되었습니다.

제가 선수 시절 주력했던 스노보드 종목인 빅에어와 슬로프스타일 역시 처음에는 주목받지 못했습니다. 당시 올림픽 정식 종목도 아니었고 대중적 인기도 거의 없었습니다. 하지만 저는 직감했습니다. 스노보드의 인기가 높아지는 추세로 볼 때 이 역동적인 종목들 역시 머지않아 올림픽 무대에 설 것이라고 말입니다. 그렇게 되면 제게는 더 큰 기회가 오리라 판단했습니다. 제 예상은 정확히 들어맞았고 남들이 주목하지 않을 때 미리 도전하고 준비했기에 국가대표라는 영광을 안을 수 있었습니다.

이러한 경험을 통해 저는 한 가지 중요한 사실을 확신했습니다. 성공에는 분명 규칙이 존재하며 그 규칙은 누구나 쉽게 가는 넓고 편안한 길이 아니라 아무도 주목하지 않는 좁은 길에 숨겨져 있다는 것입니다. 오직 소수만이 먼저 그 가치를 알아보고 용기 있게 나아가는 그곳에 말입니다.

정보가 넘쳐나는 아파트 경매 시장처럼 이미 세상에 널리 알려진 방법은 더는 제게 큰 기회를 주지 못했습니다. 오히려 잘못된 정보이거나 비효율적인 경우가 많았습니다. 마치 스노보드 기술에서 보이는 화려한 하체 움직임보다 보이지 않는 상체 컨트롤이 핵심이듯 모든 것에는 겉으로 드러나지 않는 '본질(요령)'이 존재합니다.

그래서 저는 지금, 또다시 많은 사람이 어렵고 위험하다고 외면하는 곳, '임야 투자'라는 새로운 기회의 땅에 주목하고 있습니다. 임야 투자 역시 수많은 편견과 오해에 둘러싸여 있지만 저는 그 속에서 분명 '핵심 원리'를 발견하고 '안전하게 성공하는 규칙'을 찾아낼 수 있다고 굳게 믿습니다.

"그런 책 읽는다고 부자가 되겠어?"

"네 나이에 운동선수는 무슨…."

"부동산 경매는 위험한 거야!"

"임야 투자는 아무나 하는 게 아니라고!"

제 인생은 이처럼 수많은 부정적인 말들과의 끊임없는 싸움이었습니다. 하지만 저는 단 한 번도 흔들리지 않았습니다. 중요한 것은 다른 사람의 평가나 시선이 아니라 제 마음속 '나 자신에 대한 믿음'과 그것을 현실로 만들려는 '뜨거운 의지'였기 때문입니다.

스스로를 믿지 못하면 세상 누구도 나를 믿어주지 않습니다. 결국 모든 위대한 성취는 '나 자신을 온전히 믿는 용기'에서 시작됩니다. 그리고 그 믿음으로 첫걸음을 내딛고 수없이 부딪치고 넘어지더라도 배우고 성장하며 꾸준히 나아가다 보면, 마음속으로 그리는 생각은 반드시 눈앞의 현실이 됩니다. 이것이 바로 제가 온 삶으로 깨달은 소중한 진리입니다.

2부 열정과 깨달음, 새로운 가능성을 발견하다

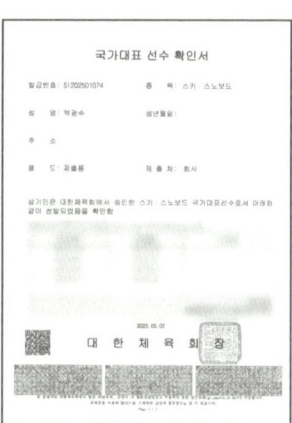

PARK KWANGSOO CAMP

코치소개

박광수

홋카이도 나카야마 트리플 세션 빅에어 오픈클래스 1위
14th 레드불 난산 오픈대회 초청 출전
휘닉스파크 에어잼 빅에어 2위
대한스키협회 협회장배 슬롭스타일 1위
전국스키선수권대회 슬롭스타일 1위
종별스키선수권대회 슬롭스타일 1위
지산오픈 챔피언쉽 슬롭스타일 2위

전) 스노보드 슬로프스타일 국가대표

길 없는 산에서 100억 가치를 찾다

3부

모든 것의 핵심, '요령'을 발견하다

성공의 숨겨진 열쇠, '요령'

 제가 살아오면서 깨달은 가장 중요한 교훈이 있습니다. 어떤 분야든 성공으로 향하는 지름길, 즉 '요령'이라 부를 핵심 원리가 존재한다는 사실입니다. 그 요령은 대부분 겉으로 쉽게 드러나지 않고 숨겨져 있으며 많은 사람이 따라가는 평범한 길에서는 발견하기 어렵습니다.

 대부분의 사람은 예부터 전해 내려오는 방식이나 남들이 '정석'이라 부르는 길을 따르려 합니다. 하지만 그래서는 결코 소수의 성공한 사람들 대열에 합류하기 어렵습니다. 세상을 움직이는 진정한 규칙은 때로 우리가 아는 것과 다르기 때문입니다.

제가 말하는 '요령 찾기'는 단순히 잔꾀를 부리거나 쉬운 길만 찾는 것과는 근본적으로 다릅니다. 복잡한 현상 속에서 가장 본질적인 핵심 원리를 간파하고 그 핵심에 자원을 집중함으로써, 남들보다 훨씬 빠르고 효율적으로 목표에 도달하는 지혜에 가깝습니다.

본격적인 투자 이야기를 하기에 앞서 제가 직접 경험한 몇 가지 사례를 통해 이 '요령 찾기'가 얼마나 중요한지 살펴보겠습니다. 누구나 공감할 만한 사례로 핵심 원리를 이해한다면 앞으로 다룰 다소 복잡한 투자 이야기 역시 훨씬 명쾌하게 느껴질 것입니다.

첫 번째 요령:
언어의 벽을 넘는 가장 빠른 길

스노보드를 사계절 즐기기 위해 해외, 특히 실력 있는 라이더가 많이 일본을 오가며 외국어의 필요성을 절실히 느꼈습니다. 하지만 답답한 현실에 부딪혔습니다. 우리가 10년 넘게 배운 영어로 외국인과 기본적인 의사소통조차 거의 불가능했습니다. '무엇이 문제일까?' 저는 근본 원인을 파고들기 시작했습니다.

가장 큰 문제점은 오랜 주입식 교육의 한계였습니다. 영어의 가장 기본적인 구조인 'be동사(am, is, are)'와 '일반동사'의 개념조차 구분하지 않은 채 영어를 쓰려 한다는 점이었습니다. 명사(이름)나 형용사(상태/모습)가 문장의 중심일 때는 be동사를 써야 합니다("I am a student.", "You are kind."). 구체적인 움직임을 나타내는 동사(go, eat, make 등)에는 be동사를 함께 쓰지 않고 그 자체로 활용하거나 부정문이나 의문문에서 'do' 동사의 도움을 받는다는 것은 영어의 가장 기초적인 규칙입니다.

이 원리는 놀랍도록 간단명료합니다. 하지만 놀랍게도 조기 교육을 받은 요즘 아이들조차 이 기본 구분을 어려워하는 경우가 많았습니다. 저는 이 두 가지 핵심 규칙, '명사/형용사에는 be동사를, 일반동사에는 do동사를 활용한다'는 원리를 의식적으로 적용하며 영어를 다시 바라보기 시작했습니다.

그러자 마법 같은 일이 일어났습니다. 지난 10년간 그토록 어렵던 영어 문장들이 머릿속에서 자연스럽게 형성되기 시작했습니다. 물론 현재진행형, 수동태 등 더 복잡한 문법도 있지만 이 기본 뼈대만 제대로 세우니 영어 실력이 눈에 띄게 향상되었습니다. 복잡한 문법이나 수많은 단어를 무작정 외우는 것보다 핵심 원리를 먼저 이해하고 응용하는 것이 언어 학습의 가장 빠르고 효과적인 '요령'이었습니다.

일본어 학습은 상대적으로 더 수월했습니다. 우리말과 어순이 거의 같았기 때문입니다. 여기서도 핵심은 동사 활용 규칙 몇 가지와 기본적인 조사를 먼저 익히는 것이었습니다. 일본어 동사는 대부분 '루(る)'로 끝납니다. '루'를 빼고 특정 어미('타', '요우', '테', '타이' 등)를 붙이면 과거, 권유, 명령, 희망 등 다양한 표현이 가능해집니다. 몇몇 불규칙 동사를 제외하면 이 간단한 공식 하나로 거의 모든 동사를 자유자재로 활용할 수 있었습니다.

거기에 우리말 '은/는'에 해당하는 '와(は)', '의'에 해당하는 '노(の)', '을/를'에 해당하는 '오(を)' 같은 기본 조사 몇 가지만 익히니 기본적인 단어만 알면 문장 만들기가 어렵지 않았습니다. 갓난아이가 복잡한 문법부터 배우지 않고 주변의 말을

들으며 자연스럽게 언어를 익히듯, 가장 쉽고 핵심적인 규칙부터 먼저 익히고 점차 살을 붙여나가는 것. 이것이 언어라는 거대한 산을 가장 빠르게 정복하는 '요령'이었습니다.

두 번째 요령:
스노보드, 고정관념을 깨고 본질을 파악하다

스노보드의 세계에도 잘못된 고정관념과 비효율적인 가르침이 많았습니다. 예를 들어 처음 스노보드를 배우는 사람에게 강사가 데크, 엣지, 바인딩 같은 어려운 전문 용어부터 늘어놓으면 어떨까요? 초보자는 시작도 전에 질려버리기 쉽습니다. 그런 용어들은 스노보드를 타다 보면 자연스럽게 알게 되는 부수적인 것들입니다.

스노보드 기술의 가장 큰 오해는 '하체로 컨트롤해야 한다'는 생각입니다. 보드에 양발이 묶여 있으니 당연히 다리 힘으로 방향을 전환해야 한다고 생각하기 쉽지만 이는 완전히 잘못된 접근입니다. 스노보드는 오히려 자전거 타는 원리와 비슷합니다. 자전거 방향을 바꿀 때 다리에 힘을 주어

돌립니까, 아니면 핸들을 자연스럽게 조작합니까? 당연히 핸들입니다. 스노보드에서 이 '핸들' 역할을 하는 것이 바로 '상체', 특히 '견갑골(날개뼈)'의 움직임입니다.

다리는 중심을 잡고 보드를 지지합니다. 라이더가 가려는 방향으로 견갑골을 중심으로 상체를 먼저 움직이면 보드는 그 움직임을 자연스럽게 따라옵니다. 그런데 대부분의 초보자는 다리에 잔뜩 힘을 주고 억지로 보드를 돌리려 하니 상체는 흔들리고 결국 넘어지고 맙니다.

이처럼 '상체 컨트롤'이라는 핵심 요령만 제대로 이해하고 몸에 익히면 단 하루 만에도 기본적인 턴을 구사할 수 있습니다. 양방향 라이딩(레귤러와 구피 스탠스 모두) 역시 훨씬 빠르게 익힐 수 있습니다. 스노보드 기술을 익히는 데 몇 년씩 걸린다고 말하는 것은 대부분 잘못된 방법으로 배우거나 이런 핵심 요령을 모르기 때문입니다.

심지어 예부터 당연하게 여겨온 "앞손을 들고 시선은 멀리 보라"는 가르침조차 실제로는 무게 중심을 과도하게 뒤로 쏠리게 해 자연스러운 턴을 방해하기도 합니다(마치 자전거 앞바퀴를 들고 타려는 듯한 불안정한 자세를 만듭니다). 우리는 이런 낡고 비효율적인 가르침에서 벗어나 움직임의 진짜 핵심 원리를 찾아내고 그것을 몸으로 체득해야 합니다.

제가 스노보드 강습을 할 때 어려운 전문 용어를 최소화하고 보호대 착용을 무엇보다 강조하며 직접 시범을 통해 쉽고 명확하게 설명했던 이유도 여기에 있습니다. 쉽고 안전하게 핵심 요령을 익혀야 스노보드의 진짜 재미를 빠르게 느끼고 실력도 꾸준히 향상될 수 있기 때문입니다.

세 번째 요령:
투자의 세계, 복잡함 너머의 본질을 꿰뚫다

이러한 저의 경험은 투자의 세계에도 그대로 적용됩니다.

어려운 용어의 함정에서 벗어나십시오!

부동산 경매 공부를 처음 시작할 때 분묘기지권, 유치권 같은 생소하고 어려운 법률 용어에 미리 겁먹을 필요 없습니다. 핵심 원리를 이해하면 자연스럽게 따라오는 부수적인 개념일 뿐입니다. 흔히 어렵다는 권리분석 역시 핵심 원리는 생각보다 단순합니다. 왜 많은 학원이 그렇게 어렵고 복잡하게 가르치는지 때로 의아합니다. 제 눈에는 영어나 스노보드를 비효율적으로 가르치는 것과 다르지 않게 보입니다.

진짜 전문가를 판별하는 눈을 기르십시오!

진짜 전문가는 어려운 내용을 쉽고 명확하게 설명하는 사람입니다. 불필요하게 어려운 용어를 남발하며 자신을 과시하거나 포장하려는 사람은 오히려 경계해야 합니다. 특히 투자 분야에서는 이론만 그럴듯한 사람이 아니라 실제로 투자해 성과를 내고 구체적인 증거를 보여줄 수 있는 사람에게 배워야 합니다. 말뿐인 이론은 실전에서 아무 도움이 되지 않습니다.

포화된 시장의 함정을 경계하십시오!

아파트 경매처럼 너무 많은 사람이 몰리고 정보가 넘쳐나는 시장은 생각보다 효율이 떨어질 수 있습니다. 사실 기본적인 아파트 경매는 하루만 제대로 공부해도 그 과정을 이해하고 기본 물건에 도전할 수 있을 정도로 비교적 단순합니다. 그런데 몇 달씩 어려운 이론을 배우는 데 시간을 허비하고도 낙찰 한 번 받지 못한다면 얼마나 허무하겠습니까?

그럴 바에는 차라리 발품을 팔아 급매물을 알아보는 편이 더 현명할 수 있습니다.

  제가 스노보드 이야기를 반복하는 이유는 그 속의 원리들이 투자의 세계와 놀라울 정도로 닮았기 때문입니다. 그리고 어떤 분야든 성공의 본질은 결국 '남들이 보지 못하는 핵심 원리(요령)를 먼저 파악하고 꾸준히 실행하는 용기'에 있습니다. 때로는 남들과 다른 길을 갈 수 있는 용기 말입니다. 저는 이 사실을 제 온 삶의 경험으로 확신합니다.

'요령'과 '부의 추월차선' 원칙으로 임야에서 새로운 길을 찾다

영어, 일본어, 스노보드, 부동산 투자에 이르기까지 저는 다양한 경험을 통해 한 가지 공통된 진리를 발견했습니다. 성공으로 가는 가장 빠르고 효과적인 길은 결코 누구나 쉽게 가는 대로변에 있지 않았습니다. 진정한 기회는 언제나 다른 사람들이 간과하거나 어렵다고 외면하거나 잘못된 고정관념에 가려진 예상치 못한 샛길, 즉 앞서 말한 '요령' 속에 숨어 있었습니다. 핵심 원리를 정확히 파악하고 비효율적인 기존 방식을 과감히 버린 뒤 저만의 방식으로 새롭게 접근할 때 저는 언제나 남들보다 월등히 앞서 나갈 수 있었습니다.

이러한 깨달음은 제 투자 전략에 근본적인 변화를 가져왔습니다. 제가 처음 경제적 성공을 맛봤던 아파트 경매. 분명 훌륭한 투자였고 제게 부의 초석을 마련해주었지만 시간이 흐르면서 점차 그 시장의 한계를 느끼기 시작했습니다. 너무 많은 사람이 몰렸고 정보는 넘쳐났지만 정작 진정한 '기회'라 부를 만한 것은 점점 찾기 어려워졌습니다.

핵심 원리 없이 어려운 용어만 나열하는 비효율적인 스노보드 강습처럼, 아파트 경매 시장 역시 본질적인 가치 투자보다 단순한 시세 경쟁으로 변질되는 듯했습니다. 몇 달씩 시간과 노력을 들여 공부하고 발품을 팔아도 패찰만 거듭하느니 차라리 그 시간에 발 빠르게 급매물을 잡는 것이 더 현명하겠다는 생각마저 들었습니다. 아파트 경매 시장은 이미 레드 오션이었습니다.

저는 새로운 '블루 오션'을 찾아야 했습니다. 다른 사람이 아직 진정한 가치를 알아보지 못하거나 '어렵고 위험하다'는 막연한 편견 때문에 감히 접근하지 못하는 미개척 시장 말입니다. 그러면서도 제가 스노보드에서 보호대의 중요성을 깨닫고 부동산 경매로 안전장치를 마련했듯 '안전'이라는 기본 원칙을 적용해 리스크를 관리할 수 있는 분야여야 했습니다.

바로 그때 제 레이더망에 '임야(林野)'라는 새로운 가능성이 강력하게 포착되었습니다. 하지만 단순히 '남들이 하지 않으니까' 임야를 선택한 것은 아니었습니다. 이 결정에 확신을 더해준 또 하나의 중요한 계기는 바로 엠제이 드마코의 『부의 추월차선』이라는 책과의 운명적인 만남이었습니다.

그 책은 제게 또 다른 차원의 깊은 깨달음을 주었습니다. 단순히 돈 버는 기술을 넘어 진정으로 부를 창출하고 유지하는 '시스템'과 '구조'에 눈뜨게 해주었습니다. 책에서 강조하는 핵심 메시지들은 제 머리를 강타하는 듯한 충격과 영감을 주었습니다.

- **'서행차선(Slowlane)'을 벗어나 '추월차선(Fastlane)'으로 진입하라**: 평생 월급을 모아 부자가 되기를 수동적으로 기다리지 말고 부를 적극적으로 창출하는 길을 선택해야 합니다.
- **'시간'이 아닌 '시스템'이 돈을 벌게 하라**: 내가 직접 일하지 않아도 지속해서 수익이 발생하는 자산 기반의 파이프

라인을 구축해야 합니다.
- **'가치'를 제공하고 그 '규모'를 키워라:** 많은 사람에게 진정으로 필요한 서비스나 제품을 제공하고 그 영향력을 계속 확장해야 합니다.
- **완전한 '통제권'을 확보하라:** 내 사업과 내가 구축한 시스템에 대한 완전한 통제권을 갖고 주도적으로 운영해야 합니다.
- **'진입장벽'이 높은 곳을 공략하라:** 다른 사람이 쉽게 모방하거나 따라 할 수 없는 독보적인 경쟁 우위를 확보할 수 있는 분야에 도전하는 것이 유리합니다.

이 다섯 가지 원칙을 마음 깊이 되새기며 제가 걸어온 길, 특히 스노보드 강습 경험을 돌아보았습니다. 물론 그것으로 돈을 벌기는 했지만 그 과정은 철저히 제 시간과 노동력을 직접 투입해야 하는 '서행차선'에 가까웠습니다. 제가 없으면 시스템은 멈췄고 서비스 대상도 소수의 스노보드 매니아 층에 한정되었습니다. 확장성이 매우 제한적인 사업 모델이었습니다.

저는 지금도 임야를 적극 개발하고 있으며 시간이 지날

수록 '임야 투자 및 개발'이야말로 『부의 추월차선』의 원칙과 완벽하게 부합한다는 강한 확신을 얻고 있습니다.

- **높은 진입장벽**: 임야 투자는 복잡한 법규, 어려운 개발 과정, 상당한 초기 자본 등 다양한 요소로 인해 아무나 쉽게 넘볼 수 없는 높은 진입장벽을 가집니다. 하지만 저는 이제 그 높은 장벽을 넘을 저만의 '요령'을 알고 있습니다.
- **시스템 구축의 무한한 가능성**: 넓은 임야를 기반으로 '펫 마운틴' 같은 독창적인 서비스 공간을 제공하고 이를 성공 모델 삼아 체인화하며, 나아가 주택 단지 분양, 특화 농임업, 관련 제품 개발까지 사업을 확장하는 것은 제가 없어도 계속 운영되고 성장하는 강력한 '시스템'을 만드는 과정입니다.
- **규모의 확장성**: 제대로 된 사업 모델과 시스템만 성공적으로 구축한다면 수많은 반려인, 자연 친화적인 세컨드 하우스를 원하는 수요자, 건강한 먹거리를 찾는 소비자에게 차별화된 가치를 제공하며 사업 규모를 폭발적으로 키울 수 있습니다.

- **완벽한 통제권 확보:** 부동산 경매를 통해 '내 소유의 땅'을 확보하고 사업을 시작하므로 외부 간섭 없이 사업 전체에 대한 완벽한 통제권을 가질 수 있습니다.
- **가치 기반의 사업:** 단순히 땅을 사고파는 시세차익형 투자를 넘어 자연 속 진정한 휴식, 반려견과의 깊은 교감, 건강하고 풍요로운 삶이라는 본질적인 '가치'를 사람들에게 제공하는 사업입니다.

'요령 찾기'라는 저만의 방법으로 발견한 블루 오션 '임야', 그리고 『부의 추월차선』에서 얻은 시스템 구축의 원칙. 이 두 가지 강력한 요소가 머릿속에서 결합되자 100억 원(나아가 1,000억 원!)이라는 담대한 목표를 향한 로드맵은 더욱 명확하고 견고해졌습니다. 저는 더 망설일 이유가 없었습니다.

그리고 지금 이 순간에도 저는 이 새로운 기회의 땅 위에서 저만의 '요령'과 '부의 추월차선' 전략을 바탕으로 거침없이 전진하고 있습니다.

4부

임야, 맨몸으로 부딪쳐 길을 열다

광주 임야 도전,
이론과 현실의 벽

 2018년 법원에서 제 이름이 호명되던 순간을 아직도 잊을 수 없습니다. 경기도 광주시에 위치한 약 1만 5천 평의 임야를 마침내 낙찰받은 것입니다. 감정가 15억 원에 달하는 산을 약 4억 9,800만 원에 낙찰받았다는 사실은 2억 9,800만 원이라는 대출금의 무게에도 불구하고 저를 한없이 흥분하게 했습니다. 드디어 제 꿈을 마음껏 펼칠 광활한 왕국을 손에 넣은 듯했습니다.

 당시 스노보드 선수였던 제 여자친구와 함께 그렸던 청사진은 '에어매트 스노보드 점프 훈련장'이었습니다. 일본의 성공 사례처럼 사계절 훈련이 가능한 전문 공간을 만들어

한국 스노보드계 발전에 기여하고 싶다는 포부가 있었습니다. 당시 여자친구 부모님의 투자 지원이 있었기에 임야는 여자친구 명의로 등기했고 구두로 50대 50 지분을 약속받은 상태였습니다.

물론 입찰 전부터 해당 임야가 도로에 접하지 않은 '맹지(盲地)'라는 사실은 알고 있었습니다. 하지만 크게 걱정하지 않았습니다. 이미 여러 책을 통해 '맹지를 해결하는 법률적 방법'을 충분히 학습했고 해당 부지가 '계획관리지역' 및 '임업용산지'라 수목원 조성 등 일부 개발이 가능하다는 사실도 확인했기 때문입니다. 평균 경사도 25도라는 점도 쉽지 않은 조건이었지만 개발이 불가능한 수준은 아니라고 판단했습니다.

'이론상으로는 충분히 가능하다!' 저는 책에서 얻은 지식에 대한 막연한 자신감이 있었습니다. 임야 앞쪽 사찰의 스님과 원만히 협의하면 진입로 문제가 해결되리라 낙관하며 입찰에 임했습니다.

하지만 현실의 벽은 생각보다 훨씬 높고 견고했습니다. 낙찰 후 마주한 제 땅은 사방이 막힌 고립된 섬과 같았고 스님과의 협상은 처음부터 쉽지 않았습니다. 평균 25도의 경사지는 실제 개발하기에 만만치 않은 조건임을 깨달았습니다. '아, 책에서 배운 이론과 현장은 이렇게나 다르구나.' 저는 그 냉혹한 진실을 그제야 온몸으로 실감했습니다.

'그래도 전문가의 도움을 받으면 다르겠지?' 저는 여러 자기계발서에서 공통으로 강조하던 조언("전문가에게 일을 맡기고 당신은 더 중요한 일에 시간을 투자하라")을 떠올리며 임야 개발 컨설팅 업체를 찾아 나섰습니다. 총 계약금액 1억 8천만 원. 제게는 거금이었지만 복잡한 인허가 과정과 전체 개발을 대신 해결해준다면 기꺼이 지불할 용의가 있었습니다.

컨설팅 업체는 자신감이 넘쳤고 저는 그들의 말을 믿었습니다. 계약금과 중도금으로 총 1억 2천만 원을 여러 차례에 걸쳐 전달했습니다. 그들은 서류를 접수할 때마다 진행 상황을 보고하는 척하며 자금을 요구했습니다.

지금 돌이켜보면 저는 너무 순진했습니다. 임야 개발에 대한 제 전문 지식이 부족하다는 점을 간파한 그들은 실제 허가 가능성과 무관하게 단순히 '서류 접수'만으로 일이 원활하게 진행되는 것처럼 포장하며 약속된 돈만 받아 갔습니다. 명백한 사기는 아니었지만 저의 무지를 이용해 부당이익을 취한 '준사기'에 가까운 행태였습니다.

시간은 속절없이 흘렀지만 개발은 실질적으로 진척되지 않았습니다. 이상함을 감지한 제가 구체적인 증빙 자료를 요구하고 잔금 지급을 보류하자 그들은 오히려 적반하장으로 제게 '잔금 미지급'을 이유로 소송을 걸어왔습니다. 황당함과 함께 깊은 분노가 치밀었습니다. 결국 저는 그들과 2년이 넘는 길고 지루한 법정 싸움을 벌여야 했습니다.

다행히 그들이 건 소송에서는 이겼지만 이미 지급한 1억 2천만 원을 돌려받기 위해 제가 제기한 반소에서는 '일부 업무를 수행한 사실이 인정된다'는 애매한 이유로 '일부 승소'하는 데 그쳤습니다. 변호사 비용과 2년이 넘는 시간, 엄청난 정신적 스트레스를 고려하면 제 손에 남은 것은 거의 없었습니다.

이 끔찍하고 값비싼 경험으로 저는 뼈저리게 두 가지 교훈을 얻었습니다. 첫째, 아무리 전문가에게 일을 맡겨도 기본 내용과 진행 과정은 스스로 반드시 알아야 속지 않는다는 것. 둘째, 사업을 하려면 특히 부동산처럼 큰돈이 오가는 분야에서는 관련 '법'을 모르면 한순간에 모든 것을 잃을 수도 있다는 냉혹한 현실입니다.

아이러니하게도 이 값비싼 수업료 덕분에 저는 민법과 형법의 기본 차이조차 모르던 상태에서 벗어나 스스로 법률 지식을 쌓는 계기를 마련했고 이는 훗날 제게 무엇과도 바꿀 수 없는 강력한 무기가 되었습니다.

컨설팅 업체와의 악연으로 임야 개발 계획은 다시 원점으로 돌아온 듯했습니다. 아니, 더 깊은 수렁에 빠진 것 같은 절망감이었습니다. '길'이 없으면 아무것도 할 수 없다는 단순한 진리가 저를 짓눌렀습니다.

저는 스님을 다시 찾아가 간곡하게 협상을 시도했습니다. 하지만 "임야 중 3천 평을 내놓으면 길을 내주겠다"는 도저히 받아들일 수 없는 조건이 돌아왔습니다. 지금의 저라면 사업 속도와 전체 가치 상승을 고려해 그 제안을 긍정적으로 검토했겠지만 당시의 저는 그 대가가 너무 크다고 느꼈습니다.

결국 스님과의 협상은 좋지 않은 분위기 속에서 결렬되었고 저는 책에서 본 '주위토지통행권'이라는 법적 권리를 행사하기로 했습니다. 하지만 관련 법리에 대한 이해와 실전 경험이 전무한 상태에서 섣불리 내용증명을 보낸 것은 스님과의 감정의 골만 깊게 만들었습니다(차라리 그때 내용증명보다 실제로 법원에 소송을 제기해 권리를 확보하는 편이 나았으리라는 후회가 남습니다). 이 일로 주변에 좋지 않은 소문까지 퍼지면서 저는 졸지에 '욕심 많고 인정 없는 사람'으로 낙인찍혔습니다. (지나고 보니 법적 절차에 앞서 인간관계를 풀기 위한 충분한 노력과 진정성 있는 소통이 선행되어야 한다는 것, 그래야만 소송에서도 유리한 명분을 얻고 주변의 오해도 줄일 수 있다는 것을 뒤늦게 깨달았습니다.)

컨설팅 업체와의 2년 넘는 지루한 소송은 여전히 진행 중이었습니다. 그 끝없는 싸움 속에서도 저는 멈추지 않았습니다. 관련 법규를 더 깊이 공부하고 필요한 서류를 스스로 준비하며 마침내 제 손으로 직접 길을 내기로 굳게 결심했습니다. 스님께서 물리적인 방해는 하지 않으셨지만(아마도 '저 젊은 친구가 설마 맨몸으로 험한 산길을 낼 수 있겠어?' 하고 가볍게 여기셨던 것 같습니다), 저는 이제 오롯이 제

힘과 의지로 이 막막한 상황을 정면 돌파해야 했습니다.

저는 톱 한 자루를 들고 매일같이 산으로 향했습니다. 길 낼 곳을 가늠하며 희미한 등산로를 따라 앞을 가로막는 잡목과 풀들을 닥치는 대로 쳐내기 시작했습니다. 물론 모든 작업은 법에 저촉되지 않는 선에서 신중히 진행했습니다. 얼마 안 가 손은 온통 물집으로 뒤덮였고 온몸은 땀과 흙먼지로 범벅이 되었지만 '내 땅에 내 길을 만든다'는 간절함 하나로 모든 고통을 잊었습니다. 그 과정에서 산림경영 인가를 받고 임업인 교육을 이수하며 산과 임업에 대해 더 깊이 알아갔습니다. 길의 윤곽이 조금씩 드러나자 전기톱을 동원해 앞을 가로막는 더 굵은 나무들을 베며 길을 넓혀나갔습니다.

예상대로 얼마 지나지 않아 '민원'이라는 또 다른 화살이 날아들었습니다. 민원 내용은 대부분 사실과 다르거나 심하게 과장되었지만 일단 공식 접수되면 담당 공무원은 규정상 현장 확인을 나올 수밖에 없었습니다.

며칠 후 민원 확인차 현장을 방문한 공무원은 주변을 둘러보자마자 다짜고짜 호통치듯 말했습니다. "아니, 여기는 엄연한 산인데 이렇게 함부로 훼손하면 어떡합니까! 산에서는 땅만 파도 불법입니다!"

순간 너무 황당했습니다. 설령 작업 중 흙을 일부 건드렸다 해도 제 작업은 이미 허가받은 산림경영 인가와 임업인 자격을 통한 합법적인 행위였습니다. 저는 나름대로 산지관리법 등 관련 법규를 검토했기에 그의 지적이 법적 근거가 부족함을 분명히 알았습니다. 아마 그는 임야 규정을 정확히 모른 채 민원이 제기되었으니 일단 사업자를 강하게 제지하고 보려던 듯했습니다.

그 순간 그동안 억울하게 쌓였던 감정과 분노가 한꺼번에 치밀었습니다. 저는 결국 참지 못하고 그 자리에서 격앙된 목소리로 항의했고 며칠 후에는 시청까지 직접 찾아가 많은 사람이 보는 앞에서 목소리를 높였습니다. "아니, 공무원께서 단속하시려면 관련 법규라도 제대로 숙지하고 정확한 근거를 갖고 말씀하셔야 하는 것 아닙니까! 제가 구체적으로 어떤 법 조항을 위반했는지 명확히 제시해주십시오! 산에서 삽으로 땅만 파도 안 된다는 게 대체 어느 나라 법입니까? 산에서는 그럼 아무것도 하지 말라는 말씀입니까!"

저의 거센 항의에 당황했는지 혹은 자신의 주장에 명확한 법적 근거가 부족함을 인지했는지 그 공무원은 '땅 파는 행위'나 다른 자잘한 부분에 대해서는 더 문제 삼지 않았습니다.

하지만 문제는 거기서 끝나지 않았습니다. 제 격렬한 항의가 그의 자존심을 건드렸던 걸까요? 그는 며칠 후 다시 현장을 찾아와 이번에는 정말 눈에 잘 띄지도 않을 사소한 부분을 문제 삼아 '원상 복구' 명령서를 내밀었습니다. 길을 내는 과정에서 기준치를 아주 살짝 넘어선 절토/성토 구간이 발생했다는 이유였습니다.

기가 막힐 노릇이었습니다. 솔직히 그 정도의 미미한 사항은 현장 상황을 고려해 융통성 있게 넘어가 주거나 간단한 시정 조치로 마무리될 수 있는 문제였습니다. 하지만 그는 법 규정만을 내세우며 단호하게 원상 복구를 요구했습니다. 저는 그제야 중요한 사실을 깨달았습니다. '아… 공무원에게 감정적으로 대응해서는 좋을 게 없구나. 내가 아무리 옳더라도 감정적으로 부딪히면 결국 나만 손해 보는구나.'

만약 처음부터 그의 말을 경청하고 저의 합법적인 근거를 차분하고 논리적으로 설명하며 이해를 구했다면 어땠을까요? 아마 그 사소한 절토/성토 문제는 그냥 넘어갔을지도 모릅니다. 하지만 저의 순간적인 분노는 결국 제게 더 큰 시간과 비용의 손실만 안겼습니다.

이 경험은 제게 정말 값비싼 교훈을 주었습니다. 어떤 상황에서도 감정적으로 대응하지 말 것. 아무리 상대가 틀렸다고 확신해도 나의 정당성은 객관적인 법적 근거와 명확한 논리로 차분히 증명하고 동시에 상대의 입장까지 헤아리며 원만하게 소통하는 '요령'이 반드시 필요하다는 것입니다. 이 소중한 교훈은 이후 제가 수많은 공무원과 다양한 인허가 문제로 부딪히는 과정에서 가장 강력한 무기가 되었습니다.

저는 결국 그의 명령대로 깊은 아쉬움을 삼키며 해당 구간을 원상 복구해야 했습니다. 그리고 다시 한번 임야 개발의 험난함과 '사람' 상대하는 일의 어려움을 절감하며 더욱 악착같이 관련 법규를 공부하고 다음 단계를 치밀하게 준비했습니다.

그렇게 컨설팅 업체와 소송하고 법규와 씨름하며 맨몸으로 땅과 사투를 벌이는 와중에(2019년 말) 전 세계를 멈춰 세운 코로나19 팬데믹이 터졌습니다. 하늘길이 막히고 국내

외 스키장이 문을 닫으면서 스노보드 선수로서의 제 삶은 예상치 못한 종착역에 다다랐습니다. 하지만 제게는 돌아갈 곳, 아니 더 집중해야 할 명확한 목표가 있었습니다. 바로 이 광활하고 거친, 그러나 무한한 가능성을 품은 경기도 광주의 임야였습니다. 제게는 다른 선택지가 없었습니다. 본격적으로 이 산과 정면으로 부딪쳐 모든 것을 걸고 승부를 봐야 할 운명 앞에 서게 된 것입니다.

4부 임야, 맨몸으로 부딪쳐 길을 열다

트리하우스에서
'펫 마운틴' 탄생까지

    코로나19 팬데믹으로 스노보드 선수 활동이 예기치 않게 중단되자 저는 모든 에너지와 시간을 광주 임야 개발에 쏟아붓기 시작했습니다. 컨설팅 업체와의 지루한 법적 다툼은 여전했지만 더는 그 결과를 기다리고만 있을 수 없었습니다. 그동안 스스로 법을 공부하며 가능성을 타진했고 마침내 포크레인을 동원해 제대로 된 진입로를 확보하고 미끄러운 흙길에는 야자매트를 까는 등 실질적인 개발 작업에 착수했습니다.

    이 고되고 외로운 과정에 큰 힘이 되어준 것은 스노보드 선수 시절 맺은 소중한 인연이었습니다. 당시 제 장비를 후

원해주던 업체 사장님이자 마음 잘 맞는 친구는 제가 도움을 요청했을 때 한걸음에 달려와 주었습니다. 그는 말없이 묵묵히 땀 흘리며 저를 도왔고 저희는 함께 힘든 작업을 하며 못다 한 이야기들, 특히 제가 구상하던 이 허황돼 보일 수 있는 임야 프로젝트에 대한 생각을 허심탄회하게 나누었습니다. 그의 존재는 긴 싸움에 지쳐가던 제게 큰 위안이 되었고 이는 훗날 저희가 여주에서 성공적으로 동업하게 되는 소중한 인연의 씨앗이었습니다.

진입로가 어느 정도 확보되자 예전에 TV 프로그램에서 본 '톰아저씨 트리하우스'가 떠올랐습니다. 아이가 있는 가족 방문객에게 웰컴 키트를 주고 자연 속 트리하우스 공간을 체험하게 하는 독특한 사업 모델이었습니다. 제 넓은 임야의 특성을 살리면서 비교적 적은 자본으로 시도해볼 만한 최적의 아이템이라 생각했습니다.

끊임없는 민원으로 심신이 지쳐 있던 터라 저는 인터넷에서 다른 트리하우스 운영 사례를 꼼꼼히 찾아보았습니다. 그 과정에서 살아 있는 나무를 기둥 삼아 건축하는 방식이 복잡한 건축법의 경계를 유연하게 피해 갈 수 있다는 몇몇 사례를 발견했습니다. 나무에 큰 피해 없이 안전하게 설치하는 해외의 선진 공법 정보도 얻었습니다. '그래, 이 정도면 충분히 해볼 만하다!' 자신감이 생겼습니다. (당시 '산림경영관리사' 제도에 대해 어렴풋이 알았지만 지식이 부족해 인허가가 매우 까다로울 것이라 막연히 생각했습니다. 그래서 상대적으로 더 멋있어 보이는 트리하우스에 먼저 마음이 끌렸습니다.)

마침 목수 일에 능숙한, 역시 스노보드를 함께 타던 동갑내기 친구가 있었습니다. 저는 그 친구에게 바로 연락해 트리하우스 구조에 대한 아이디어를 설명하고 간곡히 도움을 청했습니다. 그렇게 저와 장비 업체 사장 친구, 그리고 목수 친구까지 스노보드라는 열정으로 뭉친 동갑내기 삼총사는 머리를 맞대고 함께 연구하며 마침내 첫 트리하우스를 저희 손으로 직접 완성했습니다. 울창한 나무들 사이에 아늑하게 자리 잡은 트리하우스는 그간의 고생에 대한 작은 보상처럼 느껴져 감회가 새로웠습니다.

하지만 기쁨도 잠시, 저희는 곧바로 더 현실적이고 사업의 성패를 좌우할 중요한 문제에 직면했습니다. 바로 '물'과

'화장실' 문제였습니다. 아무리 멋진 공간이라도 기본적인 위생 시설이 없다면 손님을 맞이할 수 없었습니다.

  물 문제는 다행히 친구와 함께 계곡 상류의 깨끗한 샘물을 찾아내 중력을 이용한 자연 급수 시스템을 만들어 해결했지만 화장실은 정말 큰 고민거리였습니다. 어린 시절 푸세식 화장실에 대한 트라우마 때문에 저는 다른 것은 몰라도 더럽고 불편한 화장실만큼은 절대 용납할 수 없었습니다. 특히 여성 손님에게 화장실의 청결과 편의성은 공간 전체의 이미지를 결정짓는 핵심 요소라 생각했습니다.

  정화조 설치는 당시 불법이었고 일반 이동식 화장실은 위생적으로 만족스럽지 않았습니다. 고심 끝에 외국의 캠핑카에서 쓰는 특수 용액 분해 방식의 고급 야외용 화장실을 발견했습니다. 유튜브 후기까지 꼼꼼히 확인한 후 약 340만 원을 투자해 설치했습니다. 그리고 손님이 이용할 때마다 제가 직접 들어가 바닥의 흙먼지 하나까지 깨끗이 닦으며 청결을 유지했습니다. 아주 작은 흙먼지조차 고객에게는 불쾌한 오물로 오해받을 수 있다는 생각 때문이었습니다. 이런 정성 덕분인지 "산속인데 화장실이 너무 깨끗하고 쾌적

해요!"라는 후기가 많았고 저는 청결에 대한 제 철학이 옳았음을 확인할 수 있었습니다.

트리하우스를 완성하고 물과 화장실 문제까지 해결했지만 마음속에는 여전히 풀리지 않는 고민이 남았습니다. '이것만으로 충분할까?' 저는 결혼 인구가 줄어드는 추세 속에서 아이들을 주 고객층으로 하는 사업의 한계를 느꼈습니다. 반면 반려견 인구는 폭발적으로 증가하는데 기존 반려견 놀이터들은 견주가 편히 쉬거나 반려견과 깊이 교감하기에 여러모로 부족하다는 점을 알고 있었습니다. 게다가 팬데믹 이후 사람들은 더 프라이빗하고 자연 친화적인 공간을 선호하는 트렌드가 뚜렷해졌습니다. 그리고 제 머릿속에는 『부의 추월차선』에서 읽은 '가치를 제공하는 시스템으로 수익을 창출하라'는 원칙이 계속 맴돌았습니다.

저는 일단 아이들을 대상으로 한 '6차 산업형 자연 체험 공간'을 조심스럽게 운영했지만 시장에 더 확실한 임팩트를 줄 '한 방'이 필요했습니다.

바로 그때 운명처럼 한 손님이 저희 트리하우스를 찾았습니다. 아이와 함께 온 가족이었는데 작은 반려견 한 마리를 동반했습니다. 그 반려견은 땅에 내려놓자마자 세상을 다 얻은 듯 온 산을 헤집고 다니며 순수한 기쁨을 온몸으로 표현했습니다. 목줄 없이 어떤 제약도 없이 드넓은 자연 속에서 완벽한 자유를 만끽하는 모습! 그리고 그 모습을 보며 함께 행복해하는 견주분의 얼굴!

견주분은 돌아가는 길에 제게 이런 말을 했습니다. "사장님, 여기 정말 최고예요! 우리 강아지가 이렇게 행복해하는 모습은 처음 봅니다. 다른 사람 눈치 안 보고 목줄 없이 마음껏 뛰어놀 수 있는 이런 공간이 더 많이 생겼으면 좋겠어요!"

그 말을 듣는 순간 머릿속에 흩어져 있던 모든 조각이 하나로 맞춰지는 듯한 전율을 느꼈습니다. '그래! 바로 이거였어! 아이들이 아니라 반려견과 견주들이었어!' 제가 가진 이 넓고 아름다운 자연은 반려견에게 더할 나위 없는 천국이었고 견주에게는 그토록 원하던 진정한 휴식과 교감의 공간이 될 수 있었던 것입니다. 이것이야말로 제가 찾던 지속 가능한 '시스템'이자 특별한 '서비스'였습니다.

저는 즉시 사업 방향을 180도 전환했습니다. 아이들을 위한 체험 공간에서 오직 반려견과 견주만을 위한 프라이빗한 자연 속 힐링 공간, '펫 마운틴'으로 말입니다.

  실행은 신속했습니다. 가장 먼저 반려견들이 안전하게 뛰어놀도록 튼튼한 울타리를 설치해야 했습니다. 하지만 전문 울타리 설치 견적은 1억 원이 훌쩍 넘었습니다. 저는 또다시 저만의 '요령'을 발휘해 유튜브를 샅샅이 검색했고 마침내 '차양막'을 이용한 저비용 고효율 울타리 설치법을 발견했습니다. 야생동물의 접근을 효과적으로 막으면서 기존 나무 기둥과 튼튼한 밧줄을 최대한 활용하는 방식이었습니다. 오히려 프라이빗한 공간을 만드는 데 더 적합하다고 판단했습니다. 샘플 테스트로 효과를 확인한 후 단돈 200만 원으로 울타리 설치 문제를 완벽하게 해결했습니다.

  "문제를 해결하는 방법을 찾아내면 반드시 다른 장애물이 나타나고, 그때 진정으로 발휘해야 할 힘이 바로 포기하지 않는 끈기와 새로운 요령을 찾는 능력이다." 저는 이 소중한 진리를 다시 온몸으로 확인했습니다.

  울타리 문제까지 해결한 저는 자신감을 갖고 임산물 판매 및 반려견 체험 공간인 '펫 마운틴'을 정식 오픈했습니다. 당시만 해도 산 전체를 이처럼 반려견 공간으로 활용하는 곳은 거의 없었기에 '산'이라는 자연이 주는 특별함은 반려인들에게 매우 신선하고 매력적으로 다가갔습니다. 저는 인스타그램에 직접 제작한 홍보 콘텐츠를 꾸준히 올렸고 반응은 폭발적이었습니다. 순식간에 팔로워 1만 명을 확보하며 반려견 시장의 엄청난 잠재력을 확인했습니다.

예약 문의가 쇄도했고 처음 단 5개 사이트로 시작했음에도 오픈 3개월 만에 약 7천만 원이라는 놀라운 매출을 올렸습니다. 주말, 평일 할 것 없이 예약은 꽉 찼습니다. 4년 넘는 길고 험난한 고난의 시간 끝에 마침내 찾아온 눈부신 성공이었습니다. 드디어 제 손으로 '지속 가능한 성공'의 문을 연 것입니다.

하지만 인생이라는 롤러코스터는 한곳에 멈추지 않았습니다. 어렵게 이룬 성공은 또 다른 시련, 즉 가장 믿었던 사람과의 갈등을 불러오는 예기치 못한 계기가 되었습니다. 공동 투자자였던 전 여자친구 측과의 해묵은 문제들이 수면 위로 떠오르기 시작했습니다.

성공 뒤 그림자,
관계의 균열

 '펫 마운틴 광주점'의 성공은 실로 눈부셨습니다. 주말과 평일을 가리지 않고 예약은 꽉 찼고 오픈 석 달 만에 약 7천만 원의 매출을 기록했습니다. 4년이 넘는 길고 험난한 고난 끝에 찾아온 달콤한 성공이었습니다. 저는 제 손으로 꿈을 현실로 만들었다는 벅찬 성취감에 흠뻑 젖었습니다. 그동안 저를 괴롭혔던 민원 문제도 제 지식과 끈기로 해결했고 이제 앞으로는 탄탄대로만 펼쳐질 것이라 믿었습니다. (만약 그때 진입로 문제로 갈등을 빚던 스님께서 내민 협상의 손을 잡았다면 제 광주 이야기는 행복한 결말을 맞았을지도 모릅니다. 지금의 저라면 사업의 장기적인 관점과 미래 가치를 고려해 망설임 없이 3천 평을 지불하고 문제를 해결했겠지만 그때의 저는 갑작스러운 성공에 취해 지혜가 부족했습니다.)

하지만 인생의 아이러니처럼 진짜 시련은 성공의 정점에서 가장 예상치 못한 모습으로 찾아왔습니다. 바로 함께 사업을 시작한 동업자, 당시 제 여자친구와 그 부모님과의 관계에서 문제가 생긴 것입니다. 그리고 거의 동시에 터진 외부의 돌발 사고는 위태롭던 내부 갈등에 기름을 붓는 격이었습니다.

어느 날 손님들이 한창 펫 마운틴을 이용하던 시간에 인접 단지 공사장의 대형 트럭이 길을 잘못 들어 저희의 유일한 진입로로 올라오는 아찔한 사건이 발생했습니다. 안 그래도 좁고 지반이 약한 산길에 임시방편으로 깐 야자매트는 육중한 트럭 무게를 이기지 못하고 군데군데 심하게 찢기고 망가졌습니다. 유일한 진입로가 파손되면서 당장 손님을 받을 수 없는 심각한 상황이었습니다. 눈앞이 캄캄했습니다.

다행히 사고를 낸 트럭 기사 측 보험사로 피해 처리가 가능했습니다. 이때 든든한 친구(함께 현장을 일군 동업자)가

다시 한번 결정적인 역할을 했습니다. 그는 침착하고 노련하게 트럭 기사와 보험사 담당자와 협상했습니다. 영업 손실과 야자매트 복구 비용, 트럭이 길을 돌리다 파손한 시설물 피해까지 면밀히 고려해 무려 1,300만 원의 피해보상금을 받아내는 데 성공했습니다. 친구의 뛰어난 능력 덕분에 큰 위기로 번질 뻔한 사고를 오히려 사업 정상화의 기회로 바꿀 발판이 마련됐습니다.

저는 당연히 이 보상금으로 망가진 길을 신속히 복구하고 남는 돈은 부족한 시설 개선에 재투자할 계획이었습니다. 그런데 바로 이 지점에서 광주 프로젝트의 가장 근본적인 문제, '사업자 명의'가 발목을 잡았습니다. 사업자등록증상 대표와 사업용 통장 명의가 모두 전 여자친구 앞으로 되어 있어 1,300만 원의 보상금은 고스란히 그쪽 통장으로 입금될 수밖에 없었습니다.

저는 파트너였던 전 여자친구와 그 부모님께 보상금 사용 계획을 상세히 설명했습니다. 하지만 돌아온 대답은 충격적이었습니다. "미안하지만 그 돈은 지금 없어. 우리가 급한 곳에 먼저 썼네." 믿기 힘든 이야기였습니다. 분명 사업상 피해로 생긴 보상금이고 당장 진입로 복구와 재투자가 시급한데 저와 한마디 상의도 없이 다른 용도로 전부 써버렸다는 것이었습니다.

저는 강하게 항의했지만 그분들은 "어차피 그 돈도 우리 돈 들어간 사업에서 나온 것 아니냐.", "일단 급한 빚부터 갚는 게 우선"이라는 논리를 내세웠습니다. 이 사건이 저희 파트너십에 돌이킬 수 없는 금이 간 첫 중대 갈등이었습니다. 서로가 가진 '사업 마인드'의 근본적인 차이가 수면 위로 명확히 드러난 순간이었습니다.

평생 안정적인 직장 생활을 해온 그분들에게 '빚'은 빨리 없애야 할 심리적 부담이었고 '수익'은 일단 확보해 안정적인 곳에 둬야 할 결과물이었습니다. 하지만 제게 '빚'은 사업 성장을 위한 효과적인 '레버리지'였고 '수익'은 더 큰 성공을 위한 '재투자의 씨앗'이었습니다. 저는 이 임야의 가치가 계속 오를 것이라 확신했기에 눈앞의 단기 수익보다 미래 투자가 훨씬 중요하다고 생각했습니다. 게다가 제가 지난 4년간 이 사업을 위해 쏟은 시간과 노력, 증빙이 어려운 수많은 공사 비용은 제대로 인정받지 못하는 상황이었습니다. 사업으로 생긴 보상금마저 제 의지와 무관하게 사라지자 깊은 무력감과 배신감을 느꼈습니다. 사업의 재정 통제권을 완전히 상실했다는 냉혹한 현실을 뼈저리게 깨달았습니다.

이후에도 비슷한 갈등은 계속 반복되었습니다(컨설팅 업체와의 소송 등으로 파트너 측에서도 저에 대한 믿음이 많이 약해진 상태였을 겁니다). '펫 마운틴' 수익금 역시 제 손을 거치지 못하고 부채 상환에 우선 사용되었고 정작 사업 운영과 발전에 필요한 자금은 항상 부족한 악순환이 이어졌습니다.

그러던 중 소중한 친구(함께 현장을 일군 동업자) 문제까지 불거졌습니다. 겨울 비수기에 방문객이 적다는 표면적인 이유로 처음부터 함께 땀 흘리며 사업을 일군 그 친구에게 "봄이 올 때까지 잠시 쉬고 그때 다시 합류하라"고 일방적으로 통보한 것이었습니다. 저는 그를 단순한 직원이 아닌 창업 멤버로 생각했고 사업이 안정되면 더 큰 보상을 약속하고 싶었습니다. 하지만 당장의 자금 부족과 파트너와의 껄끄러운 관계 속에서 그가 부당하게 내쳐지는 것을 지켜봐야만 했습니다.

저는 더는 이 위태로운 관계를 유지할 수 없다고 판단했습니다. 신뢰는 산산조각 났고 서로 그리는 사업의 비전은 너무 달랐으며 무엇보다 저는 제 사업의 핵심 통제권을 완전히 상실한 상태였습니다.

엎친 데 덮친 격으로 스님께서 진입로 길목에 차단기를 설치해 길을 완전히 막아버리는 일까지 발생했습니다. 지속적인 민원이 통하지 않자 물리적인 행동에 나선 것이었습니다. 이전 같았으면 다시 '주위토지통행권' 소송을 준비하며 맞서 싸웠겠지만 저는 이미 내부 갈등으로 심신이 너무 지쳐 있었습니다. 이 일로 파트너와의 갈등이 더 심해질 것은 불 보듯 뻔했고 이 긴 싸움을 이어갈 마음의 에너지가 남아 있지 않았습니다.

저는 모든 것을 내려놓기로 했습니다. 제가 피땀 흘려 만든 '펫 마운틴 광주점'의 눈부신 성공과 영광, 그 이면의 지긋지긋한 갈등과 상처까지 모두 말입니다.

마침 친척분의 부탁으로 미리 낙찰받아 2호점을 준비하던 여주에 새로운 임야가 있었습니다. 저는 그곳에서 모든 것을 다시 시작하기로 했습니다. 광주에서의 값비싼 경험을 교훈 삼아 이번에는 온전히 저만의 방식으로 제가 진정으로 꿈꾸는 '부의 추월차선'을 힘차게 달리기로 결심했습니다.

돌이켜보면 당시 파트너였던 그분들의 입장과 선택이 전적으로 잘못됐다고만은 생각하지 않습니다. 평생 안정적인 삶에 익숙했던 그분들에게 제 공격적이고 위험을 감수하는 듯한 사업 방식은 너무 불안하고 무모하게 보였을 겁니다. 결국 모든 것은 '세상을 바라보는 마인드의 차이'에서 비롯됐습니다. 부의 길을 걷는 사람은 평범한 사람과 다른 생각의 틀과 성공 공식을 갖고 있습니다. 그 근본적인 차이가 때로는 가장 가까운 사람과의 예기치 못한 갈등으로 나타나기도 한다는 것을 저는 이때의 쓰라린 경험으로 배웠습니다.

어쩌면 이 또한 제가 더 큰 부와 성공을 향해 나아가기 위해 반드시 넘어야 할 성장 과정이었으리라 생각합니다. 저는 그렇게 광주에서의 성공과 상처를 모두 가슴에 묻고 새로운 기회의 땅, 여주를 향해 발걸음을 옮겼습니다.

상처를 넘어 여주에서 다시, 희망을 품다

 제가 피땀 흘려 일군 첫 성공작 '펫 마운틴 광주점'의 영광과 그 이면의 깊은 상처를 모두 뒤로해야 할 때가 왔습니다. 저는 미련 없이 광주 사업을 정리하고 새로운 시작을 준비하기로 했습니다. 실패는 쓰라렸지만 주저앉아 좌절할 수만은 없었습니다.

 다행히 제게는 위기를 기회로 바꿀 '플랜 B'가 준비되어 있었습니다. 사실 저는 '펫 마운틴 광주점'의 성공에 안주하지 않고 이미 다음 단계를 꾸준히 준비하고 있었습니다. '펫 마운틴 체인화'라는 더 큰 꿈을 위해 광주점을 운영하는 바쁜 와중에도 틈틈이 경기도권의 유망한 임야 매물을 살피며

2호점 후보지를 물색해 왔습니다.

그리고 마침 제 능력과 가능성을 눈여겨본 한 친척분의 의뢰를 받아 경기도 여주에 위치한 약 1만 1,000평 규모의 잠재력 높은 임야를 매우 좋은 조건(감정가 약 8억 2천만 원에서 약 4억 160만 원으로 낙찰)에 이미 확보해 둔 상태였습니다. 저는 그 땅의 무한한 가능성을 보았고 친척분께 2호점의 성공적인 운영과 맹지 문제 해결을 약속하며 컨설팅을 진행하고 있었습니다. 심지어 친척분의 자금 지원으로 기본적인 초기 시설 구축까지 일부 진행되던 상황이었습니다.

광주에서의 갑작스러운 철수는 분명 큰 위기였지만 동시에 미리 준비된 여주 2호점에 모든 역량과 에너지를 집중할 절호의 기회이기도 했습니다. 저는 곧장 여주로 내려가 친척분께 자초지종을 솔직히 설명하고 깊은 양해를 구했습니다. "제가 이 여주 펫 마운틴을 직접 맡아 반드시 제대로 키워내겠습니다. 다만 지금 당장 인수 자금이 부족하니 우선 월세를 내는 임대 방식으로 운영하도록 허락해주시면 감사하겠습니다."

다행히 친척분은 제 어려운 상황을 너그러이 이해하고 새로운 도전을 흔쾌히 허락해주셨습니다. 저는 다시 한번 가장 든든한 지원군인 스노보드 친구에게 연락했습니다. "친구야, 우리 여주에서 다시 한번 제대로 힘을 합쳐 멋진 결과물을 만들자!"

광주에서의 쓰라린 경험으로 저는 '어떤 상황에서도 믿고 의지할 수 있는 진정한 파트너'의 중요성을 뼈저리게 절감했습니다. 그래서 이번에는 처음부터 그에게 사업 수익의 50%를 배분하는 조건을 약속하며 진정한 동업자로서 새로운 시작을 함께하자고 제안했습니다. 그는 제 진심 어린 제안을 기꺼이 받아들였습니다.

마침내 여주 땅 앞에 다시 섰을 때 제 주머니는 비어 있었지만 마음만은 그 어느 때보다 비장함과 새로운 각오로 가득했습니다. 광주에서의 실패는 값비싼 수업료를 치르게 했지만 동시에 무엇과도 바꿀 수 없는 '경험'이라는 강력한 무기를 남겼습니다. 여주의 임야 역시 '맹지'라는 어려운 조건을 안고 있었지만 더는 예전처럼 두렵거나 막막하지 않았습니다. 저는 이미 제 손으로 길을 내는 법, 복잡한 문제를 해결하는 법, 절망적인 위기를 희망찬 기회로 바꾸는 법을 알고 있었기 때문입니다.

  이제 이 새로운 땅 위에서 저는 지난 모든 실패와 성공의 경험을 온전히 쏟아부어 이전과는 전혀 다른 차원의 성공 신화를 써 내려갈 준비가 되어 있었습니다. 저와 제 친구는 그렇게 희망과 도전으로 가득 찬 여주 임야 개척 2막의 첫 페이지를 힘차게 넘기고 있었습니다.

4부 임야, 맨몸으로 부딪쳐 길을 열다

길 없는 산에서 100억 가치를 찾다

4부 임야, 맨몸으로 부딪쳐 길을 열다

5부

여주 임야 개척기, 경험을 무기로 꿈을 현실로 만들다

여주에서 찾은 성공 씨앗, 투자의 기본기

여주 땅 앞에 다시 섰을 때 제 주머니는 비어 있었지만 마음은 그 어느 때보다 비장했습니다. 광주에서의 실패는 값비싼 수업료를 치르게 했지만 동시에 무엇과도 바꿀 수 없는 '경험'이라는 강력한 무기를 제게 남겼습니다. 그리고 저는 이 경험을 바탕으로 여주 땅이 가진 엄청난 잠재력, 즉 새로운 '성공의 씨앗'을 발견할 수 있었습니다.

제가 이 땅에 특별한 확신을 가진 가장 큰 이유는 이곳이 '준보전산지'였기 때문입니다(임야의 종류와 개발 가능성은 이후 별도 장에서 자세히 설명하겠습니다). 이런 법적 조건 외에도 제가 직접 현장을 누비며 확인한 땅의 규모와 환경은 분명 큰 기회를 품고 있었습니다.

하지만 이런 가능성을 현실로 만들려면 단순히 땅의 외형만 볼 게 아니라 그 안에 숨은 권리관계나 법적 문제를 꼼꼼히 살피는 '부동산 기초 지식'이 반드시 필요합니다. 이것이 바로 제가 남들이 쉽게 지나치는 곳에서 기회를 발견하고 위험을 피해 가는 저만의 '요령'을 터득한 중요한 시작점이기도 합니다.

부동산 투자를 처음 접하는 분들은 '분묘기지권', '선순위가등기', '유치권' 같은 단어를 들으면 마치 암호처럼 느껴져 머리가 아팠던 경험이 있으실 겁니다. 하지만 미리 겁먹을 필요는 없습니다. 대부분의 한자어 기반 용어는 그 뜻을 차분히 풀어보면 대략적인 의미를 짐작할 수 있습니다. 예를 들어 '분묘기지권? 아, 이 땅에 조상 묘가 있어 그 권리를 인정해야 하는구나. 조심해야겠다.' 혹은 '선순위가등기? 누군가 나보다 먼저 이 부동산에 대한 권리를 임시로 확보했구나.' 또는 '유치권? 공사 대금을 못 받아 건물을 점유하고 있다는 뜻인가 보군.' 하는 식으로 말입니다.

이렇게 처음에는 용어의 핵심 의미를 먼저 이해하고, 복잡한 권리가 얽힌 물건은 신중히 접근하거나 피하는 것이 좋습니다. 어려운 용어를 처음부터 완벽히 외우려 애쓰기보다 경험을 통해 자연스럽게 익숙해지는 편이 더 효과적입니다.

부동산 권리분석 공부도 마찬가지입니다. 왜 어떤 곳에서는 이 내용을 몇 달씩 붙잡고 어렵게 가르치는지 때로 의아하게 느껴집니다. 핵심 원리만 제대로 이해한다면 사실 기본적인 권리분석은 하루, 아니 반나절만 집중해도 충분히 배울 수 있다고 저는 생각합니다.

우리가 '부동산 경매'나 '권리분석'을 어렵고 부담스럽게 느끼는 이유는 무엇일까요? 낯선 법률 용어가 마구 등장하고 전문가만 아는 복잡하고 비밀스러운 영역처럼 느껴지기 때문일 겁니다. 하지만 다시 말씀드리지만 너무 걱정할 필요 없습니다. 당장 부동산 경매 최고 전문가가 될 필요는 없습니다. 다만 최소한 '내가 관심을 둔 이 집, 내가 앞으로 살게 될 이 집이 과연 안전한가?' 정도는 스스로 판단할 기본적인 안목과 지혜는 갖추는 것이 중요합니다.

예를 들어 월세나 전셋집을 구할 때 부동산 중개업소나

집주인에게 "등기부등본 한번 확인해보세요."라는 말을 들어보셨을 겁니다. 왜 이 절차가 필요할까요? 단순히 형식적인 과정일까요? 절대 아닙니다.

등기부등본을 꼼꼼히 확인해야 하는 진짜 이유가 있습니다. 만약 살고 있는 집이 집주인의 채무 문제로 갑자기 경매에 넘어가게 됐을 때, 당신의 소중한 보증금을 지킬 수 있는지 가늠할 결정적인 단서가 그 안에 숨어 있기 때문입니다.

너무 복잡하게 생각하지 않아도 됩니다. 등기부등본(요즘은 인터넷 등기소에서 누구나 쉽게 발급받을 수 있습니다)을 열었다면 다른 어려운 내용은 잠시 접어두고 가장 먼저, 가장 중요하게 확인할 딱 한 가지가 있습니다. 바로 '이 집에 나보다 먼저 돈을 빌려준 은행 대출(근저당권)이 있는가?' 하는 점입니다.

은행 대출이 있는 집에 전세로 들어간다고 가정해 보겠습니다.

예를 들어 집 시세가 2억 원인데 은행 대출(근저당)이 1억 원 먼저 설정되어 있다고 해봅시다. 그리고 당신은 전세 보증금 1억 원을 내고 그 집에 이사했습니다. 만약 집주인이

이자를 제때 못 갚아 집이 경매로 넘어가면 어떤 상황이 벌어질까요? (참고로 은행이 빌려준 돈을 돌려받기 위해 법원을 통해 강제로 부동산을 매각해 채무를 변제받는 절차가 '경매'입니다.)

이때 '집값 2억 – 은행 대출 1억 = 내 전세금 1억'이니까 보증금은 안전하다고 생각할 수 있습니다. 하지만 이것은 매우 안일한 생각입니다. 집이 경매로 넘어가면 원래 시세인 2억 원에 팔린다는 보장이 없습니다. 오히려 시세보다 훨씬 낮은 가격, 예를 들어 1억 5천만 원, 심지어 1억 원에 팔릴 수도 있습니다.

만약 그렇게 되면 등기부등본상 가장 먼저 돈 받을 권리가 있는 1순위 채권자인 은행이 먼저 1억 원을 다 가져갑니다. 당신은 남는 돈이 없으니 소중한 전세 보증금을 한 푼도 돌려받지 못하는 최악의 상황이 발생할 수도 있습니다. 이것이 바로 법이 정한 냉정한 현실입니다.

그래서 안타깝게도 예상치 못한 경매로 보증금을 모두 날리고 어려움을 겪는 분들이 생기면서 부동산 경매 자체에 부정적인 인식을 갖게 되는 경우가 많습니다. 제가 가장 안타깝게 생각하는 점은 이런 기본적인 권리 확인의 중요성을 우리 사회 교육 시스템에서 제대로 가르쳐주지 않는다는 사실입니다. 결국 기본 정보를 몰라서 안타까운 피해를 보는 경우가 발생합니다.

"만약 내가 들어가려는 집에 내 소중한 보증금보다 먼저 변제받을 권리가 있는 은행 근저당권이 설정되어 있다면, 그 계약은 매우 신중하게 다시 고민해야 한다."

이것이 여러분이 부동산 계약을 할 때 반드시 마음속에 새겨야 할 권리분석의 가장 기본적이고 핵심적인 원칙입니다. (물론 주택임대차보호법상 소액임차인 최우선변제권 등 예외적인 보호 규정도 있지만 개별 상황에 따라 적용 여부가 달라지므로 가장 기본적인 위험 회피 원칙을 먼저 이해하는 것이 중요합니다.) 그런데 왜 이렇게 중요한 내용을 학교에서는 필수로 가르쳐주지 않는지 저는 늘 의문스럽고 안타까운 마음입니다.

다시 정리하자면 모든 권리분석의 기초는 등기부등본을 통해 '해당 부동산의 여러 권리 중 어떤 권리가 가장 먼저 설정되어 가장 우선적인 효력을 갖는가(이를 '선순위 권리'라

합니다)'를 정확히 확인하는 것입니다. 만약 은행 대출(근저당)이 선순위 권리에 해당하고 그 금액이 과도하다면 그보다 나중에 설정된 당신의 보증금 반환 채권은 경매 시 매우 불리한 위치에 놓일 수 있다는 사실을 반드시 명심해야 합니다.

이것이 여러분이 부동산 거래를 하거나 경매에 관심을 갖기 전에 최소한의 기본 권리분석 지식을 갖춰야 하는 가장 중요한 이유입니다. 이러한 '기본기'가 있어야 다음 장에서 다룰 '부동산 경매'라는 더 전문적인 투자 방법도 안전하고 효과적으로 활용할 수 있습니다.

임야 투자 첫걸음, 경매 권리분석 핵심

앞선 장에서는 부동산 투자의 '기본기'가 얼마나 중요한지 이야기했습니다. 특히 일상적인 부동산 거래에서 위험을 피하기 위해 등기부등본으로 기본적인 권리관계를 확인해야 한다고 강조했습니다.

이러한 기초 이해는 아파트나 빌라 같은 일반 주거용 부동산에만 해당하지 않습니다. 제가 궁극적으로 도전하고 많은 분이 새로운 기회의 땅으로 주목하는 '임야 투자' 역시 마찬가지입니다. 임야 투자는 일반 부동산보다 더 복잡하고 전문적인 지식을 요구하기에 그 '첫걸음'인 권리분석의 중요성은 아무리 강조해도 지나치지 않습니다. 특히 임야 같은 특수 물건을 경매로 취득할 때는 더욱 그렇습니다.

경매는 잘 활용하면 가치 있는 부동산을 시세보다 저렴하게 얻을 수 있는 매력적인 방법입니다. 하지만 그 이면에는 복잡하게 얽힌 권리관계로 인한 예기치 못한 위험도 항상 도사립니다. 따라서 철저한 준비와 정확한 분석이 없다면 오히려 큰 손실을 볼 수도 있는 양날의 검입니다.

하지만 너무 어렵게 생각할 필요는 없습니다. 지금부터 제가 알려드릴 몇 가지 핵심 원칙만 정확히 이해한다면 여러분도 부동산 경매라는 도구를 안전하고 효과적으로 활용해 성공적인 투자의 기회를 잡을 수 있습니다. 복잡해 보이는 권리분석, 그 핵심을 꿰뚫는 명쾌한 방법을 지금부터 단계별로 공개하겠습니다. 이것만 정확히 기억하면 경매 투자에서 마주칠 위험의 90%는 충분히 피해 갈 수 있습니다.

부동산 경매, 안전 투자를 위한
권리분석 3단계 핵심 원칙

◆ 1단계: '가장 힘센 권리는 무엇인가?' 등기부등본에서 '최우선순위 권리'를 찾으십시오!

부동산 경매 물건의 등기부등본에는 해당 부동산에 얽힌 다양한 권리가 시간 순서대로 기록됩니다. 이 권리들은 저마다 다른 힘(효력)을 가지는데, 이 중 가장 먼저 설정되어 가장 강력한 힘을 가진 권리가 무엇인지 파악하는 것이 권리분석의 첫 단추입니다. 이 '가장 힘센 권리'(법률용어로는 '최선순위 권리' 또는 다른 권리들의 운명을 결정짓는 '말소기준권리'가 될 수 있는 권리)가 무엇이냐에 따라 해당 부동산을 낙찰받았을 때 추가 부담을 져야 할지가 결정되기 때문입니다. (등기부등본에는 소유권에 관한 사항을 기록하는 '갑구'와 소유권 이외의 권리를 기록하는 '을구'가 있습니다. 이 갑구와 을구에 기록된 권리 중 시간적으로 가장 앞선 담보물권((근)저당권, (가)압류, 담보가등기 등)이나 경매개시결정등기 등이 '가장 힘센 권리'의 후보가 됩니다.)

- **2단계: '가장 힘센 권리보다 약한 권리들은 낙찰 후 사라진다!'** 후순위 권리는 낙찰자가 책임지지 않습니다.

이것이 바로 부동산 경매의 아주 특별한 장점 중 하나입니다. 경매를 통해 부동산을 낙찰받고 매각대금을 모두 내면 법원은 아주 중요한 조치를 해줍니다. 앞에서 찾은 '가장 힘센 권리'(은행의 근저당권)를 포함해 그보다 '나중에' 설정된 모든 다른 권리(이후에 설정된 다른 근저당권, 압류, 가압류 등)를 등기부등본에서 깨끗하게 지워버리는 것입니다. 따라서 이렇게 소멸하는 후순위 권리들에 대해서는 어떤 법적 책임도 지지 않으며 신경 쓰지 않아도 괜찮습니다.

- **3단계: '가장 힘센 권리보다 먼저 설정된 권리는 위험할 수 있다!'** 선순위 권리는 낙찰자가 인수할 가능성을 반드시 확인해야 합니다.

이제 가장 신중히 살펴봐야 할 부분입니다. 만약 확인한 '가장 힘센 권리'(은행의 근저당권)보다 시간적으로 '더 먼저' 등기부등본에 기록된 다른 강력한 권리(대항력을 갖춘 선순위 임차인의 보증금 반환 요구 권리, 소멸하지 않는 선순위 전세권, 지상권, 가등기 등)가 존재한다면 어떻게 될까요?

이 경우는 매우 주의해야 합니다. 이런 '선순위 권리'들은 경매로 소유자가 바뀌더라도 사라지지 않고 새로운 소유자인 당신에게 그 권리가 그대로 승계될 가능성이 매우 높기 때문입니다(이를 '인수한다'고 표현합니다). 즉 당신은 낙찰 가격 외에도 이런 선순위 권리자들의 요구(보증금 반환 등)를 추가로 이행해야 하는 예상치 못한 큰 부담을 떠안을 수도 있다는 의미입니다.

따라서 부동산 경매에 처음 도전하는 분이 리스크를 최소화하고 안전하게 투자하기 위한 핵심 전략은 다음과 같습니다.

"등기부등본을 확인했을 때 은행의 (근)저당권이나 (가)압류 등이 '가장 힘센 권리'로 맨 먼저 설정되어 있고, 그보다 앞서 설정된 인수 위험이 있는 다른 권리(대항력 있는 선순위 임차권 등)가 없는, 비교적 권리관계가 깨끗하고 명확한 물건을 선택하여 입찰하십시오."

이 한 가지 핵심 원칙만 정확히 이해하고 적용해도 부동산 경매 시장에서 마주칠 대부분의 법적 위험을 효과적으로 피해 갈 수 있습니다. 물론 복잡하게 얽힌 권리 관계 속에서도 뛰어난 분석으로 숨겨진 '보석' 같은 투자 기회를 발굴하는 경매 전문가들도 있습니다. 하지만 그런 고급 투자 전략은 가장 기본적인 안전 확인 방법을 충분히 익히고 소액 투자로 꾸준히 실전 경험을 쌓은 후에 도전해도 결코 늦지 않습니다.

(혹시라도 판단 착오로 인수해야 할 위험한 권리가 있는 물건을 낙찰받았다면 최후의 수단으로 입찰 시 냈던 보증금(통상 최저 매각가의 10%)을 포기하고 잔금 납부를 하지 않는 방법도 고려해볼 수 있습니다. 하지만 이는 상당한 금전적 손실을 의미하므로 애초에 그런 위험한 상황을 만들지 않도록 신중하게 접근하는 것이 무엇보다 중요합니다.)

제가 거듭 강조하지만 가장 중요한 것은 어렵고 방대한 이론을 외우는 것이 아닙니다. 이처럼 실전에 바로 적용해 내 소중한 자산을 안전하게 지킬 수 있는 명확하고 핵심적인 '요령'을 정확히 배우고 익히는 것입니다. 이것이야말로 제가 수많은 시행착오와 실전 경험으로 터득한, 평범한 사람도 부동산 경매로 안전하고 성공적인 투자의 세계에 입문할 가장 확실한 방법 중 하나라고 자신 있게 말씀드릴 수 있습니다.

임야의 '급'과
준보전산지의 진짜 가치

 권리분석이라는 든든한 안전장치를 마련하는 법을 배웠다면 이제 본격적으로 제가 새로운 기회의 땅으로 주목하는 '임야'에 대해 더 깊이 알아볼 차례입니다. 많은 분이 '산'이나 '임야'를 다 비슷하게 생각하거나 개발이 불가능한 쓸모없는 땅으로 여기는 경우가 많습니다. 하지만 이는 임야가 가진 다양성과 잠재력을 모르기 때문에 생기는 오해입니다. 사실 임야는 종류와 특성에 따라 투자 가치와 개발 가능성이 하늘과 땅 차이입니다. 그래서 흔히 임야에도 '급'이 다르다고 말합니다.
 성공적인 임야 투자를 위해서는 가장 먼저 내가 관심을

둔 임야가 어떤 종류의 산지인지, 그것이 무엇을 의미하는지를 정확히 파악하는 것이 무엇보다 중요합니다. 이것이 바로 임야 투자의 가장 기본적인 '첫걸음'이자 숨겨진 보석을 찾아내는 '요령'의 시작입니다.

우리나라 산지는 크게 공익용산지, 임업용산지, 준보전산지 세 가지로 나뉩니다. 지금부터 각 산지의 특징과 투자 관점에서 고려할 점을 제 경험을 바탕으로 알기 쉽게 설명하겠습니다.

공익용산지:
이름은 그럴듯하지만 투자는 신중해야 하는 땅

'공익용산지'라는 이름만 들으면 공익 목적으로 활용될 수 있어 좋아 보일 수 있습니다. 하지만 현실은 정반대인 경우가 많습니다. 공익용산지는 쉽게 말해 임야의 '개발제한구역'과 비슷합니다. 이름 그대로 공익 목적, 즉 자연환경 보전, 수원 보호, 생태계 유지 등을 위해 국가가 특별 관리하는 산지이므로 개발 행위가 극도로 제한됩니다. 내 소유의 땅이라도 마음대로 할 수 있는 것이 거의 없는, 그야말로 '그림의 떡'인 셈입니다.

최근 지방 경제 활성화를 위해 일부 규제를 완화하려는 움직임이 있다는 말도 들리지만 제가 직접 경험한 바로는 대부분 구호에 그치는 '탁상행정'인 경우가 많았습니다. 부동산 경매 사이트에서 유난히 가격이 저렴하면서 면적이 넓은 임야가 있다면 열에 아홉은 이 공익용산지일 가능성이 높습니다. 따라서 특별한 목적이나 전문 지식 없이 단순히 싸다는 이유만으로 공익용산지에 투자하는 것은 매우 신중해야 하며 초보 투자자라면 아예 처음부터 관심을 두지 않는 편이 현명합니다.

임업용산지:
시간과 노력을 투자하면 '숨겨진 기회'를 만나는 땅

'임업용산지'는 말 그대로 임업 활동, 즉 나무를 심고 가꾸거나 임산물을 생산하는 것을 주 목적으로 하는 산지입니다. 당장은 개발 행위에 여러 제한이 따르고 대부분 자연 그대로의 울창한 숲인 경우가 많습니다. 하지만 바로 이 임업용산지가 잘만 활용하면 '숨겨진 기회의 땅'이 될 수도 있습니다.

여기 중요한 포인트가 있습니다. 만약 임업인이 되어 체계적인 '산림경영계획'을 수립하고 그에 따라 꾸준히 산지를 관리하며 땅의 가치를 높인다면, 시간이 흘러 해당 임업용산지가 개발이 더 용이한 '준보전산지'로 용도가 변경될 가능성이 실제로 존재합니다. 물론 이 과정에는 상당한 시간과 노력이 필요하며 쉬운 일은 아닙니다. 하지만 용도 변경에 성공한다면 땅의 가치는 그야말로 수직 상승하는 기적을 경험할 수도 있습니다.

또한 임업용산지라도 숲속 야영장 조성이나 임업인 주택 건축 등 공익용산지보다 훨씬 다양하게 활용할 길도 열려 있습니다(물론 이런 인허가 과정 역시 담당 공무원이 쉽게 허가해주지 않으려 하므로 철저한 사전 준비와 저만의 '요령'이 반드시 필요합니다).

준보전산지:
임야 투자의 핵심, 가장 높은 활용 가치를 지닌 땅

드디어 '준보전산지'입니다. 준보전산지는 앞서 설명한 두 산지에 비해 개발 행위가 가장 자유로운 땅이라 할 수 있습니다. 물론 개별 필지마다 세부 제한 사항은 따르지만 활용도와 개발 가능성 면에서 앞의 두 산지와는 비교할 수 없을 정도로 높습니다. 당연히 시장 가격 또한 가장 높게 형성되어 있습니다.

제가 그토록 어려움을 무릅쓰고 도전했던 여주 땅이 바로 이 '준보전산지'였고 저는 그곳에서 특별한 '가치'를 발견했습니다. 게다가 아름다운 '자연림'이 잘 보존되어 있었고 1만 평이 넘는 넓은 면적을 자랑했으며 비포장이지만 농사에 쓰이는 '농로'까지 인접해 있었습니다.

딱 하나, 건축 등 개발행위를 위한 정식 도로가 없는 '맹지'라는 치명적인 단점이 발목을 잡았지만 오히려 이것이 감정가 8억 2천만 원짜리 땅을 약 4억 원에 낙찰받을 수 있었던 결정적 이유였고, 제게는 엄청난 '기회'로 보였습니다. 왜

냐고요? 저는 이미 광주에서의 쓰라린 경험으로 맹지 문제에 정면으로 부딪쳐봤고 이 여주 땅의 넓은 면적과 주변 토지 상황을 분석했을 때 인접 토지주와의 협상으로 충분히 정식 진입로를 확보할 수 있다는 확신이 섰기 때문입니다.

저는 이 여주 땅이 단순한 산이 아니라 아직 가치를 제대로 인정받지 못한 채 숨겨진 '저평가된 보석'임을 한눈에 알아보았습니다. 그리고 마침 친척분의 의뢰를 받아 한 팀의 경쟁자를 제치고 약 4억 원이라는 합리적인 가격에 성공적으로 낙찰받았습니다.

(당시 저희 외에 응찰했던 한 팀은 알고 보니 물류창고 전문 법인회사였습니다. 해당 부지는 당장 일반창고 건축이 불가능한 보전관리지역이었음에도 아마 그들은 농업인 창고나 임업인 창고 같은 다른 가능성을 염두에 두고 입찰한 듯했습니다. 그때 현장 견학차 함께 갔던 동업자 친구가 혹시 모를 상황에 대비해 입찰가를 조금 더 올리자고 제안했습니다. 저 역시 아주 작은 금액 차이로 패찰했을 때의 쓰라린 아픔(그날 밤은 정말 잠을 이룰 수 없습니다)을 경험으로 잘 알았기에 그의 제안을 흔쾌히 받아들여 입찰가를 상향

조정해 제출했습니다. 그리고 놀랍게도 약 150만 원이라는 근소한 차이로 저희가 최종 낙찰자가 되었습니다! 그 순간 저와 친구, 그리고 친척분은 법정이라는 엄숙한 공간만 아니었다면 다 함께 환호성을 질렀을 만큼 기뻤습니다.)

이제 남은 것은 제 모든 경험과 '요령'을 총동원해 이 여주 땅이 가진 진짜 가치를 세상에 증명하는 일뿐이었습니다.

맹지와의 정면승부, 저평가된 보석을 찾다

 그토록 염원하던 여주 임야를 낙찰받았지만 기쁨도 잠시, 제게는 아직 넘어야 할 가장 큰 산이 남았습니다. 바로 이 땅의 가장 큰 약점이자 제게 기회가 되었던 '맹지'라는 꼬리표를 떼는 것이었습니다. 아무리 '준보전산지'라는 좋은 조건을 갖추고 아름다운 자연환경과 넓은 면적을 자랑해도, 건축 등 본격적인 개발을 위한 정식 도로가 확보되지 않으면 이 모든 것은 그림의 떡에 불과했습니다. 이제부터가 진짜 시작이었습니다.

 저는 가장 먼저 이 '맹지 탈출'의 열쇠를 쥔 핵심 토지주, 즉 제 임야로 들어서는 길목의 첫 땅 소유주를 찾아 나섰습니다. 그간의 경험으로 이런 협상에서 가장 중요한 것이 철저한 사전 준비와 진정성 있는 소통임을 잘 알았습니다. 무작정 찾아가 막연히 부탁하는 게 아니라 상대의 입장을 이해하고 서로에게 이익이 되는 '윈윈(Win-Win)' 전략을 제시해야 긍정적인 결과를 얻을 수 있습니다.

저는 먼저 해당 토지의 등기부등본과 지적도를 꼼꼼히 확인해 소유 관계와 토지 현황을 파악했습니다. 다행히 복잡한 지분 관계없이 명확한 단독 소유주였습니다. 또한 주변 탐문을 통해 그분의 성향이나 현재 상황 정보도 수집하려 노력했습니다.

문을 두드리기 전 잠시 심호흡을 했습니다. 과거 광주에서 스님과 힘들게 협상했던 기억이 떠오르기도 했지만 '이번에는 다를 것이다. 나는 과거의 경험으로 더 배우고 성장했다'는 단단한 자기 확신도 있었습니다. 저는 최대한 정중하고 진솔한 태도로 제 상황과 앞으로의 계획을 상세히 설명하고 협조를 구할 생각이었습니다. 단순히 제 이익만이 아니라 이 지역 전체의 가치를 함께 높일 수 있는 상생의 그림을 제시해 그의 마음을 움직여야 했습니다. 이것이 제가 광주에서의 쓰라린 경험으로 얻은 또 하나의 값진 교훈이었습니다.

드디어 초인종을 눌렀습니다. 잠시 후 문이 열리고 토지 주로 보이는 분이 저를 마주했습니다. 저는 최대한 공손한 태도로 먼저 인사했습니다.

"안녕하십니까, 선생님. 저는 저 뒤편 산을 이번에 낙찰받으신 분의 친척 되는 박산이라고 합니다. 제가 앞으로 그 땅을 주로 관리하고 이용하게 될 텐데, 아무래도 선생님 소유의 이 앞쪽 땅을 지나다녀야 할 것 같습니다. 혹시 불편을 드릴까 봐 본격적으로 이용하기 전에 먼저 찾아뵙고 정중히 인사드리는 것이 예의일 듯해 찾아왔습니다."

저는 상황을 최대한 부드럽게 설명하며 그의 표정을 살폈습니다. 하지만 안타깝게도 그의 반응은 기대와 달리 매우 싸늘했습니다. 이미 주변 탐문으로 '쉽지 않은 상대일 것'이라는 정보는 얻었지만 직접 마주하니 협상의 여지가 거의 없어 보일 정도였습니다.

하지만 저는 쉽게 실망하거나 포기하지 않았습니다. 오히려 광주의 경험을 떠올리며 이것이 법적 절차로 나아가기 위한 '명분 쌓기'의 과정일 수 있다고 생각했습니다. 법적 권리를 행사하기에 앞서 충분한 협의를 시도했다는 객관적인 증거를 남기는 것이 중요함을 이미 배웠기 때문입니다. 그리고 시골 지역의 특성상 주변 사람과의 관계나 평판도 무시할 수 없기에 처음에는 최대한 정중하고 예의 바르게 다가가는 것이 장기적으로 유리하다는 것도 알았습니다. 저는 이번 첫 방문으로 그 두 조건을 모두 충족했다고 판단했습니다. 이제 다음 단계로 넘어갈 차례였습니다.

저는 곧바로 '산림경영계획서'를 꼼꼼히 작성해 관할 시청에 정식으로 인가를 신청했습니다. 이 인가가 승인되면 저는 합법적인 '임업인' 자격을 얻고 소유 임야에서 할 수 있는 활동의 폭이 훨씬 넓어집니다. 이와 동시에 저는 '산림경영관리사' 건축 준비에도 착수했습니다. 이것은 임야 개발의 필수 관문이자 제가 이 땅을 실제로 사용하고 적극 관리하고 있음을 보여주는 상징적인 첫 '깃발'과도 같았습니다.

여기서 제가 직접 부딪치며 터득한 '임야 개발 실전 꿀팁' 하나를 독자 여러분께 특별히 공개하겠습니다. 바로 '산림경영관리사' 인허가 과정 이야기입니다. 산림경영관리사는 임야에 건축할 수 있는 15평(약 49.5제곱미터) 규모의 가설건축물로, 법적으로 주거용은 아니지만 사실상 작은 이동식 주택이나 농막처럼 활용할 수 있는 매우 유용한 시설입니다.

그런데 이 산림경영관리사 건축을 위해 측량사무소나 건축사무소에 인허가 대행을 문의하면 보통 50만 원에서 많게는 200만 원의 수수료를 요구합니다. 하지만 제가 직접 경험해보니 간단한 배치도(건축물 위치, 대략적인 평수 등)를 직접 그려 해당 지역의 면사무소나 읍사무소 건축 담당 부서에 제출하면 놀랍게도 무료로 허가받을 수도 있습니다! (물론 지역별 조례나 담당 공무원의 재량에 따라 차이가 있을 수는 있지만 충분히 시도해볼 만한 가치가 있습니다.)

아니나 다를까 제가 직접 그린 도면을 갖고 면사무소를 찾아갔을 때 젊은 담당 공무원은 서류를 훑어보더니 대뜸 "산에는 이런 거 함부로 짓는 거 아닙니다. 안 됩니다." 하고 잘라 말했습니다. 하지만 저는 더 이상 과거 광주에서처럼 쉽게 물러서거나 감정적으로 대응하는 초보가 아니었습니다.

저는 최대한 차분하고 논리적인 어조로 반문했습니다. "담당자님, 제가 알기로는 현재 규정상 개발 조건이 훨씬 까다로운 '임업용산지'에도 임업인 주택이나 산림경영관리사 설치가 가능합니다. 그런데 상대적으로 개발이 용이한 이곳 '준보전산지'에서는 왜 안 된다고 하시는지요? 혹시 제 도면이 구체적으로 어떤 법규나 기준에 맞지 않는 부분이 있다면 상세히 설명해주시겠습니까?"

저는 관련 법 조항을 줄줄 외우며 따지기보다 상식적인 비교와 함께 명확한 근거 제시를 요구하며 그의 판단에 정중히 이의를 제기했습니다. 제 당당하면서도 차분한 태도에 그는 잠시 머뭇거렸습니다. 아마 임야 관련 세부 규정을 정확히 숙지하지 못했거나 관행적으로 일단 '안 된다'고 먼저 말했던 것이겠지요. 그는 결국 사무실 어딘가로 전화를 걸어 한참 무언가를 확인하더니 마지못해 대답했습니다. "네… 다시 확인해보니 가능하시겠네요. 서류 접수하십시오."

절대 처음부터 '안 된다'는 말에 지레 포기하지 마십시오! 명확한 근거를 갖고 당당하게, 그러나 결코 감정적이지 않게 소통하고 요구하면 불가능해 보이던 길도 열릴 수 있습니다. (사실 모든 책임을 공무원에게만 돌릴 수는 없습니다. 농막에 비해 산림경영관리사는 워낙 생소한 개념이라 담당 공무원조차 관련 규정을 잘 모르는 경우가 생각보다 많습니다. 중요한 것은 내가 더 정확히 알고 철저히 준비하면 된다는 사실입니다.)

덧붙여 산림경영관리사는 일반 농막과 달리 콘크리트 기초 공사가 허용되는 경우가 많고(지역별 조례 확인 필요) 정화조 설치도 가능하다는 큰 장점이 있습니다. 만약 담당 공무원이 정화조 설치에 난색을 보인다면 "산에서 정상적인 임업 활동을 하고 시설을 관리하려면 당연히 화장실 사용이 필수적이고, 그러려면 위생적인 정화조 설치가 반드시 필요하지 않겠습니까? 산에다 그냥 볼일을 볼 수는 없지 않습니까?"처럼 현실적인 필요성을 근거로 설득력 있게 어필하면 대부분 쉽게 반박하기 어려울 것입니다.

저는 그렇게 우여곡절 끝에 합법적으로 산림경영관리사 건축 허가를 받아내고 드디어 여주 땅에 저의 첫 '깃발'을 꽂을 준비를 마쳤습니다. 관리사 건축이 시작되자 예상대로 진입로 토지주가 본격적으로 움직였습니다. 그의 방식은 거창하거나 위협적이지 않았지만 오히려 더 악의적이고 직접적이었습니다. 저희 땅으로 들어가는 진입로 입구에 '초록색 철망'을 촘촘히 둘러쳐 사람 한 명조차 지나다닐 수 없도록 길을 완전히 막아버린 것입니다.

차량 통행은 물론 저조차 제 땅에 들어갈 수 없게 된 그야말로 황당하고 어처구니없는 상황이었습니다. 하지만 저는 속으로 쓴웃음을 지을 뿐이었습니다. '결국 올 것이 왔구나! 오히려 잘됐다!' 저는 조금도 당황하거나 좌절하지 않았습니다. 오히려 상대가 초반에 확실히 길을 막아주는 것이 장기적으로는 제게 더 유리하다는 사실을 광주의 경험으로 뼈저리게 알고 있었기 때문입니다. 일단 법원의 정식 판결로 통행권을 확보하면 그 이후 상대가 다시 길을 막더라도 훨씬 빠르고 강력하게 법적으로 대처할 근거가 마련되기 때문입니다.

저는 지체 없이 변호사를 선임했습니다. 광주 소송 경험 덕분에 전체 절차는 익숙했지만 이번에는 시간 낭비 없이 더 신속하고 확실하게 소송을 마무리 짓고 싶었습니다. (여기서 독자 여러분께 변호사 선임 비용 관련 현실적인 팁 하나를 드리자면, 보통 '주위토지통행권 확인 소송'의 경우 변호사들은 300만 원에서 500만 원의 수임료를 부릅니다. 하지만 제 여주 땅처럼 누가 봐도 다른 통행로가 전혀 없다는 사실이 명백한 경우에는 변호사와 수임료를 적극 협상해

200만 원이나 250만 원 정도의 합리적인 비용으로도 충분히 합의가 가능하니 꼭 여러 곳에 문의하고 비교하며 현명하게 결정하시기 바랍니다.)

  변호사를 통해 신속하게 '주위토지통행권 확인 소송'을 법원에 제기했습니다. 여기서 여러분이 반드시 알아둬야 할 중요한 점이 있습니다. '주위토지통행권'은 그 이름처럼 주변 토지를 통행할 권리지만 정말 다른 길이 단 하나도 없을 때, 사람이 겨우 다닐 좁은 오솔길조차 없을 때 최후의 보루로 인정되는 권리입니다. 단순히 '내 차가 못 들어가니 길을 넓혀달라'고 주장할 수 있는 만능 해결책은 절대 아니라는 사실입니다. 만약 해당 토지로 통하는 다른 작은 길이라도 있다면 소송에서 패소할 확률이 매우 높습니다. 그러니 맹지(특히 도로가 전혀 없는 토지)에 투자하기 전에는 반드시 이 점을 면밀히 확인해야 합니다.

  다행히 제 여주 땅은 주위토지통행권 인정 요건에 완벽하게 부합했습니다. 이미 첫 방문을 통해 정중히 협의를 시도했다는 '선행 절차 이행'이라는 명분이 있었고 상대가 명백히 통행을 물리적으로 방해(철망 설치)했기 때문에 소송은 제게 매우 유리하게 진행되었습니다.

결과는 어떻게 되었을까요? 예상대로 저희의 완벽한 승소였습니다. 법원은 저희의 주위토지통행권을 인정했고 토지주는 자신이 설치한 철망을 즉시 제거해야 했습니다. 저는 마침내 여주 땅으로 들어가는 '정식 진입로'를 법적으로, 그리고 누구도 함부로 막을 수 없도록 확실히 확보하게 된 것입니다.

토지주가 철망을 설치한 지 얼마 안 돼 신속하게 내려진 판결이었습니다. 어찌 보면 상대가 초반에 길을 완전히 막아준 덕분에 저는 오히려 더 빠르고 확실하게 법적 권리를 찾고 사업 진행의 가장 큰 걸림돌이었던 진입로 문제를 해결하는 결정적인 첫 단추를 꿴 셈입니다. 저는 그렇게 법과 현실, 사람과 사람 사이의 미묘하고도 치열한 줄다리기 속에서 저만의 방식으로 또 하나의 커다란 산을 넘었습니다. 광주의 쓰라린 경험으로 얻은 교훈(정중한 첫 접근, 시골 민심과 평판 관리 등)과 반복된 실전을 통해 쌓은 법률 지식(소송 절차 및 핵심 요건 파악)이 마침내 빛을 발하는 순간이었습니다.

끝나지 않는 민원 전쟁, 공무원 대처의 기술

 법원 판결로 여주 임야의 정식 진입로를 확보하니 천군만마를 얻은 듯 마음이 든든했습니다. 이제 정말 본격적으로 여주 땅에 제 원대한 꿈을 펼칠 일만 남았다고 생각했습니다. 하지만 임야 개발이라는 험난한 여정은 그리 호락호락하지 않았습니다. 예상대로, 아니 어쩌면 예상보다 더 빠르게 '민원'이라는 또 다른 산이 저를 찾아왔습니다.

 "산을 마구 파헤쳐 자연을 훼손한다.", "불법 건축물을 설치하려 한다." 등. 민원 내용은 과거 광주에서 겪었던 것과 크게 다르지 않았습니다. 아마 제가 본격적으로 땅을 개발하자 주변에서 불편함을 느꼈거나 진입로 문제로 얼굴을 붉

했던 이전 토지주가 계속 민원을 제기하는 것이겠지요. 저는 쓴웃음을 지었습니다. '그래, 임야 개발에 민원은 피할 수 없는 통과의례 같은 것이지. 피할 수 없다면 슬기롭게 대처하는 수밖에.'

며칠 후 민원 내용을 확인하러 시청 담당 공무원이 현장을 방문했습니다. 저는 미리 준비해둔 모든 관련 서류(산림경영계획 인가서, 가설건축물 허가 서류, 작업 계획 등)를 갖고 차분하게 그를 맞이했습니다. 그런데 그의 첫마디는 저를 또 한 번 아연실색하게 했습니다. 현장을 대강 둘러보던 그가 대뜸 이렇게 말했습니다.

"여기는 엄연한 산인데, 이렇게 삽으로 땅을 파시면 불법입니다. 그리고 저쪽 텐트도 허가받지 않은 불법 시설물로 보이는데요?"

순간 과거 광주에서 겪었던 억울함과 분노가 다시 머리를 스치며 화가 울컥 치밀었습니다. '하… 또 시작인가? 그 지긋지긋한 삽 타령이라니! 상식적으로 산에서 작업하는데 어떻게 삽 한 번 안 쓸 수 있나! 그리고 내 사유지에 잠시 휴식용으로 쳐 놓은 텐트가 도대체 왜 불법 시설물이란 말인가!'

당장이라도 큰 소리로 따져 묻고 싶었습니다.

하지만 저는 가까스로 분노를 억눌렀습니다. 과거 광주에서 순간의 감정을 참지 못하고 거칠게 항의했다가 결국 사소한 트집까지 잡혀 값비싼 원상 복구 명령을 받아야 했던 쓰디쓴 경험을 똑똑히 기억했기 때문입니다. '그래, 감정적으로 대응하면 나만 손해다. 이번에는 절대로 그렇게 하지 않으리라. 더 현명하게 대처해야 한다.'

저는 최대한 차분하고 침착한 목소리를 유지하며 저의 정당한 권리는 단호하게 주장했습니다.

"담당자님, 제가 알기로는 산지관리법상 허가된 범위 내에서 산림경영을 위한 최소한의 토지 형질 변경은 합법적으로 가능합니다. 그리고 저 텐트는 국유림이나 공유지가 아닌 제 사유지에 설치했으므로 불법 시설물에 해당하지 않습니다. 혹시 제 땅이 개발이 엄격히 제한되는 공익용산지라 그렇게 말씀하시는 겁니까? 이곳은 분명 개발이 상대적으로 용이한 준보전산지입니다. 아마 워낙 다양한 민원을 처리하시다 보니 잠시 혼동하신 것 같습니다. 제가 관련 법규 자료와 허가 서류를 모두 준비했는데 괜찮으시다면 잠시 시간을 내어 다시 한번 면밀히 검토해주시면 감사하겠습니다. 저 또한 법을 최대한 존중하며 열심히 살아가려는 사람일 뿐입니다."

저는 미리 준비해둔 산림경영계획 인가서와 관련 법규 자료들을 정중하게 건넸습니다. 저의 예상과 다른 차분하고 논리적인 태도에 놀랐는지 혹은 제 설명이 일리가 있다고 판단했는지 그는 잠시 머뭇거리더니 제가 건넨 서류를 받았습니다. 그리고는 "일단 알겠습니다. 주신 자료와 현장을 좀 더 면밀히 확인한 후 다시 연락드리겠습니다."라는 말을 남기고 돌아갔습니다.

그 후 어떻게 되었을까요? 아무 일도 없었습니다. 당연히 시정 명령이나 과태료 통지서도 날아오지 않았고 그 민원은 조용히 종결되었습니다. 만약 제가 그때 또다시 과거처럼 분노를 터뜨렸다면 어떻게 되었을까요? 아마 그는 어떻게든 제 작은 흠집이라도 찾아내 저를 괴롭히려 했을지 모릅니다.

저는 이 경험으로 공무원을 상대하는 매우 중요한 '요령'을 다시 한번 확실히 배웠습니다. 그들은 우리 사업을 방해하려는 적이 아닙니다. 물론 가끔 규정 이해가 부족하거나 고압적인 태도를 보이는 사람도 있지만 대부분의 공무원은 복잡한 규정과 끊임없는 민원 사이에서 원칙대로 업무를 처리하려는 사람일 뿐입니다. 따라서 가장 중요한 것은 내가 먼저 관련 법규를 정확히 알고 철저히 준비해 나의 정당성을 확보하고, 어떤 상황에서도 감정적으로 대응하지 않으며 상대의 입장(바빠서 잘 모를 수도 있다는 점 등)을 헤아리면서 정중하고 논리적으로 소통하는 것입니다.

이것이야말로 불필요한 마찰을 최소화하고 당면한 문제를 가장 현명하고 효과적으로 해결하는 방법임을 저는 또 한 번의 값진 실전 경험으로 깨달았습니다. 그리고 이 경험은 이후 제가 다른 여러 인허가를 받기 위해 수많은 공무원을 만나는 과정에서 정말 큰 자산이 되었습니다. 저는 그렇게 여주에서의 첫 민원 전쟁을 슬기롭게 넘기고 다시 한번 제 땅 위에 저의 의지를 더욱 굳건히 세웠습니다.

경험은 나침반,
여주에 뜬 첫 삽

 여주 임야의 법적 진입로를 확보하고 민원 문제까지 슬기롭게 해결하자 저와 친구에게는 더 지체할 시간이 없었습니다. 우리는 과거 광주의 수많은 시행착오와 성공 경험을 이정표 삼아 신속하고 효율적으로 '펫 마운틴 여주점' 조성을 위한 감격적인 첫 삽을 떴습니다.

 가장 먼저 해결할 과제는 드넓은 부지에 반려견이 안심하고 뛰어놀 안전한 울타리를 설치하는 것이었습니다. 저는 망설임 없이 과거 광주에서 뛰어난 효과를 경험했던 '차양막'을 다시 선택했습니다. 1억 원이 넘는 견적을 단돈 200만 원으로 해결해준 그야말로 기적 같은 아이템이었죠. 저희는 다시 차양막과 튼튼한 밧줄, 산에 널린 견고한 나무 기둥을 최대한 활용해 각 사이트의 경계를 명확히 구분하고 프라이빗하면서도 안전한 공간을 확보하는 작업에 돌입했습니다.

동시에 저는 또 다른 스노보드 동료이자 목수 일에 능숙한 친구에게 다시 한번 도움을 청했습니다. 하지만 이번에 만들 것은 과거 광주의 낭만적인 트리하우스가 아니었습니다. '펫 마운틴' 운영에 반드시 필요한 핵심 시설, 바로 방문객이 편안히 휴식을 취하고 반려견과 깊이 교감할 넓고 튼튼한 '데크'를 제작하기 위해서였습니다.

그렇게 과거 광주에서 트리하우스를 함께 만든 열정 넘치던 동갑내기 삼총사는 여주 땅 위에서 다시 의기투합해 함께 땀 흘리며 새로운 꿈을 지어나가기 시작했습니다. 스노보드라는 하나의 열정이 맺어준 소중한 인연이 험난한 사업의 여정까지 이어지고 있다는 사실이 새삼 신기하고 감사했습니다.

여기서 어떤 독자분은 이런 질문을 할지 모르겠습니다. "광주에서 그토록 애정을 담아 멋진 트리하우스를 만드셨는데, 왜 여주에는 짓지 않으셨나요?" 그 질문 속에는 광주 사업을 통해 제가 얻은 또 하나의 **뼈아픈** 교훈이 숨어 있습니다.

제가 그토록 애정과 노력을 쏟아 만든 그 아름다운 트리하우스. 당시 저는 살아 있는 나무를 기둥 삼아 짓는 방식이 법적으로 '건축물'의 정의를 교묘하게 피해 갈 수 있으리라 안일하게 생각했습니다. 하지만 그 애매한 법적 지위는 결국 제 발목을 잡는 원인이 되었습니다.

임야에서 합법적으로 지속 가능한 사업을 하고 전기, 수도 등 필수 기반 시설을 제대로 갖추려면 반드시 '산림경영관리사' 건립 허가가 선행되어야 했습니다. 그런데 관할 관청은 바로 그 트리하우스 때문에 산림경영관리사 허가를 내줄 수 없다는 입장이었습니다. "트리하우스를 먼저 철거하면 그때 관리사 허가를 검토하겠다"는 것이 그들의 일관된 답변이었습니다. 하지만 제 손으로 직접 만들고 수많은 추억이 담긴 트리하우스를 차마 제 손으로 부술 수는 없었습니다. 결국 광주에서는 산림경영관리사 없이 사업을 이어나갈 수밖에 없었고 이는 장기적인 사업 운영에 큰 제약이 되었습니다.

그래서 저는 처음부터 여주의 트리하우스라는 유혹을 과

감히 떨쳤습니다. 대신 모든 절차를 합법적으로 진행해 안정적인 사업 기반을 마련할 수 있는 '산림경영관리사'를 제대로 건축했습니다. 그것을 중심으로 전기, 지하수, 그리고 제 오랜 철학이 담긴 깨끗하고 쾌적한 화장실(정화조 포함!)까지 완벽하게 갖추는 것을 최우선 목표로 삼았습니다. 이것이야말로 요행을 바라기보다 사업의 가장 본질적인 '기본기'를 튼튼하게 다지는 길이라고 확신했기 때문입니다.

독자분들께 드리는 현실적인 조언!

혹시 임야에 트리하우스처럼 법적 기준이 모호할 수 있는 특별한 시설 건축을 꿈꾸는 분이 계시다면 현재로서는 절대 권하고 싶지 않습니다. 관련 법규는 계속 변하고 있고 과거에는 통용되던 방식이라도 지금은 예기치 않게 '불법 건축물'로 간주되어 철거 명령이나 과태료를 물게 될 가능성이 매우 높습니다. 차라리 시간과 비용이 조금 더 들더라도 처음부터 합법적인 '산림경영관리사'를 제대로 건축해 떳떳하게 기반 시설을 확보하는 것이 훨씬 안전하고 현명한 길입니다. 모든 일은 기초가 튼튼해야 그 위에 무엇이든 안전하게 쌓아 올릴 수 있으니까요.

저와 제 친구는 그렇게 눈에 보이는 화려함보다 사업의 내실을 다지고 지속 가능한 성장을 추구하는 방향으로 여주 프로젝트의 의미 있는 첫 삽을 떴습니다. 광주에서의 성공과 실패, 그 모든 값진 경험이 저희에게 무엇이 더 중요하고 무엇을 가장 먼저 해야 하는지를 명확히 가르쳐주었습니다.

7

마이너스에서 희망으로, 위기 돌파의 한 수

    광주의 아픔과 갈등을 모두 뒤로하고 저는 든든한 사업 파트너인 친구와 희망을 안은 채 여주 땅에 다시 섰습니다. 법적으로 진입로까지 어렵게 확보했으니 새로운 시작만이 남았다고 생각했습니다. 제 가슴속에는 다시 뜨거운 희망의 불꽃이 타올랐습니다. 광주의 모든 성공과 실패 경험은 이제 저의 가장 강력한 무기가 되어줄 것이었습니다. 이번에는 분명 다를 것이다. 더 현명하고 단단하게 제가 꿈꾸는 진정한 '성공 시스템'을 이곳 여주 땅 위에 반드시 세우리라! 그렇게 굳게 다짐했습니다.

    하지만 현실은 냉정했습니다. 희망찬 각오와 달리 여주의 새로운 시작은 '제로 베이스(zero base)'보다 더 어려운, 과거의 문제까지 짊어진 '마이너스 베이스(minus base)'에서 출발해야 했습니다.

광주에서의 파트너십 문제는 단순히 인간관계의 파탄으로 끝나지 않았습니다. 제가 통제할 수 없었던 과거의 자금 문제, 미처 깔끔하게 해결하지 못한 고객과의 약속이 여전히 제 발목을 잡았습니다. 가장 시급한 문제는 이전 '펫 마운틴 광주점'의 '겨울 시즌권' 환불이었습니다.

광주점의 성공에 힘입어 야심 차게 판매했던 시즌권이었습니다. 약 1,500만 원어치가 팔렸지만 안타깝게도 판매 대금은 제 손을 거치지 않고 이전 공동 투자자(전 여자친구 측)에게 모두 흘러 들어갔습니다. 결국 내부 갈등과 갑작스러운 사업 중단으로 저는 시즌권을 구매한 고객들과의 소중한 약속을 지킬 수 없는 상황에 처했습니다.

당장 여주에서 새로운 사업을 시작할 수도 없었습니다. 때는 아직 추운 겨울이었고 본격적인 야외 활동이 가능한 봄을 기다려야 했습니다. 하지만 시즌권 구매 고객들의 환불 요구는 당장 해결해야 할 발등의 불이었습니다. 더 큰 문제는 제 수중에 당장 그 1,500만 원을 환불해 줄 현금이 전혀 없다는 사실이었습니다. 광주 임야에 투자하고 시설을 개발하며 이미 가진 돈 대부분을 썼고 그나마 남은 자금마저 이전 파트너와의 문제로 묶여버린 절망적인 상황이었습니다.

눈앞이 캄캄했지만 여기서 무너질 수는 없었습니다. 저는 먼저 인스타그램 공식 계정에 현재 상황을 정중하게 알리는 공지를 올렸습니다. 내부의 복잡한 사정을 다 설명할 수는 없었지만 최대한 진솔하게 양해를 구해야 했습니다. 고민 끝에 다음과 같은 내용으로 글을 올렸습니다.

"펫 마운틴 경기광주점은 최근 하단 주차장 인근에서 발생하는 반려견 짖음 문제로 주변 민원이 지속되어, 부득이하게 운영을 잠시 중단하게 되었습니다. 이용에 불편을 드려 진심으로 죄송합니다. 이번 일을 통해 반려견주분들이 겪으시는 여러 고충과 어려움을 다시 한번 깊이 체감했습니다."

그리고 곧바로 준비하던 여주점 이전 계획을 함께 알렸습니다.

"펫 마운틴은 오는 3월부터 새롭게 준비한 여주점에서 더욱 향상된 서비스로 고객 여러분을 맞이할 예정입니다. 여주점은 민원 걱정이 없으며, 광주점보다 시설 면(전기, 수도, 화장실, 평지 등)에서도 한층 업그레이드되었습니다."

마지막으로 가장 중요했던 시즌권 고객 안내였습니다. 당장 현금 환불은 어렵지만 어떻게든 고객과의 신뢰를 지켜야 했습니다.

"기존 광주점 윈터 시즌권을 구매하신 고객께서는, 오는 3월과 4월 두 달간 새로운 여주점에서 동일하게 무제한 이용이 가능하십니다."

일단 여주점 이용 기간 연장을 제안하며 급한 불을 끄고 시간을 벌어야 했습니다. 동시에 어떻게든 환불 자금을 마련해야 했습니다. 반드시 고객과의 약속을 지키겠다고 속으로 굳게 다짐했습니다.

'어떻게 이 절체절명의 위기를 해결하고 여주 프로젝트를 위한 최소한의 초기 자금이라도 마련할 수 있을까?' 저는 절박한 심정으로 밤낮없이 해결책을 고민했습니다. 바로 그때 머릿속을 스치는 아이디어가 있었습니다. 바로 '시즌권', 정확히는 '여주점 연간 시즌권 선판매'라는 역발상이었습니다.

사실 '시즌권' 아이디어는 제가 스노보드 선수 시절 경험에서 비롯된 것이었습니다. 겨울 시즌이 되면 저는 보통 40~50만 원짜리 스키장 시즌권을 사서 겨우내 스키장에서 살다시피 했습니다. 한 번 사면 겨울 내내 리프트 이용료 걱정 없이 마음껏 스노보드를 즐길 수 있다는 것. 그 '부담 없는 이용'과 '뛰어난 가성비'가 주는 강력한 매력을 저는 누구보다 잘 알았습니다. 저는 이 경험을 그대로 적용해 이전 펫 마운틴 광주점의 겨울 시즌권을 성공적으로 기획하고 판매했습니다.

그리고 저는 이 성공했던 아이디어를 다시, 더 절박하고 어려운 지금 이 상황에서 과감히 활용하기로 했습니다. 이번에는 아직 제대로 된 시설조차 갖춰지지 않은 '펫 마운틴 여주점'의 '1년 이용 시즌권 선판매'였습니다. 비록 여주점은 미완의 상태였지만 저는 과거 광주점 운영으로 얻은 고객들의 두터운 신뢰와 앞으로 만들어갈 여주점의 눈부신 비전(훨씬 업그레이드된 시설과 민원 걱정 없는 환경)을 믿고 과감히 승부수를 던졌습니다. 파격적인 할인율과 다양한 추가 혜택을 내걸고 선판매를 시작했습니다.

결과는 놀라웠습니다. 다행히 과거 광주점의 좋은 서비스에 만족했던 많은 단골 고객이 제 새로운 시작을 진심으로 응원하며 기꺼이 여주점 1년 선시즌권을 구매해주셨습니다. 저희의 새로운 비전을 보고 유입된 신규 고객도 적지 않았습니다.

덕분에 저는 겨울 시즌이 끝날 무렵 약속했던 광주점 시즌권 고객들에게 구매 금액 전액을 환불해드릴 수 있었습니다. 심지어 이미 몇 차례 이용한 고객에게도 횟수 차감 없이 전액 환불하고 죄송하고 감사한 마음에 '여주점 1회 무료 이용권'까지 추가로 제공했습니다. 그리고 동시에 텅 비었던 제 주머니에는 여주점 초기 시설 투자에 필요한 최소한의 귀중한 자금이 마련되었습니다.

하늘이 무너져도 솟아날 구멍이 있다는 옛말을 온몸으로 실감하는 감격적인 순간이었습니다. 하지만 광주점 시즌권 환불을 모두 마치고 나니 제 손에는 다시 남은 것이 거의 없는 '제로 베이스'에 가까운 상황이 되었습니다. 이제 제게 남은 것이라고는 이 넓은 임대 땅과 저를 믿고 함께 해주는 든든한 친구, 그리고 광주에서의 성공과 실패로 얻은 값비싼 경험뿐이었습니다.

  그래도 가장 큰 고비였던 자금과 고객 신뢰 문제를 일단 한숨 돌릴 수 있었고 어렵게 법적 진입로까지 확보한 상태였기에, 저와 제 친구는 마침내 본격적으로 여주 땅 위에 저희의 꿈을 심고 가꾸는 희망찬 작업을 시작할 수 있었습니다.

여주점 오픈,
그리고 더 큰 꿈을 향해

　광주점의 가장 큰 마음의 짐이었던 시즌권 환불 문제가 고객들의 너그러운 이해와 도움, 그리고 여주점 연간 시즌권 선판매라는 제 과감한 시도로 극적으로 해결되자 저와 친구에게는 더 망설일 시간이 없었습니다. 어렵게 마련한 최소한의 자금과 뜨거운 열정을 연료 삼아 저희는 그동안 축적해 온 모든 경험과 실전 노하우를 아낌없이 쏟아부어 '펫 마운틴 여주점' 건설에 박차를 가했습니다.

　시설 공사는 놀라울 정도로 빠르고 효율적으로 진행됐습니다. 이미 광주에서 맨땅에 헤딩하는 심정으로 모든 것을 직접 경험했기 때문일 겁니다. 어떤 자재를 선택해야 비용

대비 효과가 좋은지, 어떤 구조로 데크를 설계해야 튼튼하면서 방문객이 편안하게 느끼는지, 저비용 고효율의 대명사가 된 차양막 울타리는 어떻게 설치해야 가장 빠르고 견고한지 등. 저희는 마치 광주의 수많은 시행착오로 얻은 '최적화된 성공 매뉴얼'을 손에 쥔 것 같았습니다.

물론 친구들과 땀 흘리며 고된 작업을 이어가는 과정은 힘들었지만 과거 광주에서처럼 막막함 속에서 길을 더듬는 것이 아니라 이미 잘 아는 길을 확신을 갖고 빠르게 달려나가는 느낌이었습니다. 그렇게 저희는 놀라운 속도로 기본 시설 구축을 마쳤고 마침내 많은 분의 기대 속에 '펫 마운틴 여주점'은 성공적으로 문을 열어 손님을 맞이했습니다.

과거 광주점의 성공 경험을 바탕으로 한층 업그레이드된 편의시설과 더 넓고 쾌적한 자연환경 덕분에 '펫 마운틴 여주점' 역시 오픈과 동시에 뜨거운 반응을 얻으며 빠르게 시장에 안착했습니다. 이제 안정적인 수익 시스템을 구축해 사업을 성장시킬 일만 남은 듯 보였습니다.

하지만 제 마음속에는 여전히 현재의 성공에 만족하지 않는 더 큰 그림을 향한 갈망이 꿈틀댔습니다. '펫 마운틴'의 성공적인 운영은 제게 시작일 뿐, 제 궁극적인 목표는 이 넓고 아름다운 여주 땅 위에 반려인과 반려견이 함께 꿈꾸는 이상적인 '세컨드하우스 단지'를 직접 조성해 분양하는 것이었습니다. 그리고 그 원대한 꿈을 이루려면 지금 상태로는 여러모로 부족하다는 것을 잘 알았습니다.

저는 중요한 현실을 냉정하게 직시해야 했습니다. 저희가 어렵게 소송으로 확보한 '주위토지통행권'은 말 그대로 해당 토지로 '통행'할 최소한의 권리를 법적으로 인정받은 것일 뿐, 그 땅 위에 여러 채의 집을 짓거나 대규모 단지를 개발할 수 있는 포괄적인 '개발행위허가'와는 전혀 다른 차원의 문제였습니다.

물론 저희는 이미 정식으로 산림경영계획 인가를 받았고 산림경영관리사까지 합법적으로 건축했지만 이 역시 임업 활동을 위한 최소한의 부대시설일 뿐 본격적인 주택 단지 개발과는 성격과 규모 면에서 거리가 멀었습니다. '아, 법적 통행로만 확보했다고 끝난 게 아니구나. 진짜 싸움은 이제부터구나.' 저는 이 현실을 다시 한번 절감했습니다.

저는 '세컨드하우스 단지 조성'이라는 더 높은 산을 넘기 위해 반드시 필요한 '개발행위허가'를 얻어낼 방법을 다시 찾기 시작했습니다. 이곳이 비록 개발이 상대적으로 용이한 준보전산지라 해도 여전히 완전한 개발을 위한 도로 요건을 갖추지 못한 이 땅에 합법적으로 여러 가구의 주택 단지를 조성하려면 넘어야 할 법적, 행정적 절차들이 산더미처럼 쌓여 있었습니다. 저는 다시 한번 관련 법규를 밤낮으로 파고들고 경험 많은 전문가를 찾아다니며 자문을 구하고 현실적으로 실현 가능한 최선의 길을 모색하기 시작했습니다. 제 진짜 도전은 어쩌면 이제 막 서막이 오르고 있었던 것입니다.

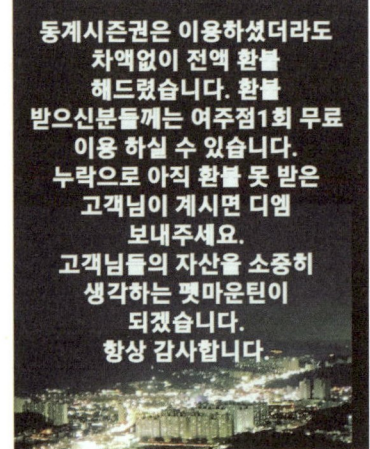

5부 여주 임야 개척기, 경험을 무기로 꿈을 현실로 만들다

길 없는 산에서 100억 가치를 찾다

6부

꿈의 확장, 그리고 또 다른 관문들

꿈의 확장:
왜 '마당 있는 작은 집'인가

 '펫 마운틴 여주점'은 감사하게도 많은 분의 사랑 속에 성공적으로 출발했습니다. 광주점의 갑작스러운 운영 중단으로 생긴 시즌권 환불이라는 급한 불을 껐고, 여주점 연간 시즌권 선판매 덕분에 초기 운영에 필요한 최소 자금도 어느 정도 확보했습니다. 하지만 솔직히 말해 그것은 중환자실에서 막 산소호흡기를 뗀 환자처럼 큰 위기를 겨우 넘기고 간신히 숨만 돌리는 상태나 마찬가지였습니다. 통장은 여전히 바닥을 보였고 앞으로 가야 할 길은 아득하게 느껴졌습니다.

 그럼에도 제 머릿속은 이미 다음 단계를 향한 새로운 계획으로 가득 차기 시작했습니다. 저는 단순히 현재의 어려움을 극복하고 생존하는 데 만족할 수 없었습니다. '펫 마운틴'은 분명 소중한 성공 경험이자 훌륭한 사업의 시작점이었지만, 제게는 『부의 추월차선』에서 배운 대로 지속 가능한 '시스템'을 통해 더 큰 '가치'를 창출하고 그 '규모'를 확장하려는 원대한 꿈이 있었기 때문입니다. 그 꿈을 실현시켜줄 다음 핵심 아이템으로 제가 주목한 것은 바로 '세컨드하우스 단지 분양'이었습니다.

왜 하필 여러 아이템 중 '세컨드하우스'였을까요? 그 해답은 다름 아닌 '펫 마운틴'을 운영하며 만났던 수많은 고객의 목소리 속에 있었습니다.

"사장님, 우리 집에도 반려견이 마음껏 뛰놀 너른 마당이 있으면 얼마나 좋을까요?"

"도시의 답답한 아파트를 벗어나 자연 속에서 아이들과 반려견이 함께 쉴 우리 가족만의 공간이 있었으면 좋겠어요."

같은 이야기들을 정말 많이 들었습니다. 저는 그분들의 간절한 목소리에서 도시 생활의 답답함을 벗어나 사랑하는 반려견과 자연 속에서 자유롭게 교감하고 싶은 현대인의 깊은 '로망'과 '필요'를 발견했습니다.

여기에 제 오랜 사업 철학인 '부의 추월차선' 원칙이 더해졌습니다. 저는 단순히 멋진 공간을 제공하는 것을 넘어 지속 가능한 '가치 제공 시스템'으로 더 많은 사람에게 긍정적인 영향을 미치고 싶었습니다. 그래서 단순한 주택 단지가 아닌 하나의 '커뮤니티형 생태계'를 구상했습니다.

제가 구상한 '마당 있는 작은 집' 커뮤니티의 핵심은 다음과 같습니다.

- **핵심은 '집'이 아닌 '마당과 자연'**: 개별 주택은 10평 남짓의 실용적이고 부담 없는 크기로 설계하되 집마다 방해받지 않는 넓고 안전한 프라이빗 마당을 충분히 확보하는 것입니다. 진정한 가치는 건물의 크기가 아닌 그곳에서 누릴 '마당'과 '자연' 그리고 '자유'에 있다고 믿었기 때문입니다.

- **상생을 위한 '마당 공유' 시스템 구축**: 세컨드하우스를 구매한 분이 원할 경우 집을 비우는 시간대에 자신의 마당을 다른 반려인에게 시간제로 대여해주고 부가 수익을 얻어 경제적 부담을 줄이는 혁신적인 시스템을 만드는 것입니다. 저는 그 과정에서 안전하고 편리한 '연결

플랫폼' 역할을 수행할 것입니다.

- **열린 공간과의 시너지 창출**: 또한 장기적으로는 기존 '펫 마운틴'처럼 넓은 자연 속 공용 공간을 만들어 더 많은 반려인에게 저렴하게(혹은 일부 무료로) 개방함으로써 지역 커뮤니티에 기여할 것입니다. 그곳을 찾은 방문객 중 프라이빗한 공간에 대한 추가 수요를 자연스럽게 세컨드하우스 마당 대여 서비스로 연결하는 선순환 구조를 만드는 것입니다.

이것이야말로 다수의 사람에게 다양한 가치를 제공하며 동시에 지속 가능한 시스템으로 안정적인 부를 창출하는, 제가 궁극적으로 추구하는 사업 방식이었습니다.

물론 이 원대한 비전을 현실로 만들려면 반드시 넘어야 할 가장 큰 산이 남아 있었습니다. 바로 '개발행위허가'였습니다. 어렵게 법적 진입로를 확보하고 해당 부지가 개발이 용이한 준보전산지라고 해서 바로 여러 채의 집을 지을 수 있는 것은 아니었습니다. 본격적인 세컨드하우스 단지 조성에 필요한 여러 까다로운 법적, 행정적 절차를 모두 통과해야 했습니다.

당시 저는 아직 이 꿈을 실행에 옮길 만한 자금과 시간 여유가 부족했습니다. 그리고 무엇보다 시급한 것은 실제 개발행위허가의 가장 기본적인 필수 조건인 '개발 가능한 수준의 진입도로 확보'(단순한 법적 통행로 이상의 폭과 기준을 갖춘 도로) 문제였습니다. 저는 '펫 마운틴 여주점' 운영으로 안정적인 현금 흐름을 우선 확보하면서 동시에 이 더 큰 꿈, '마당 있는 작은 집' 커뮤니티를 현실로 만들기 위한 다음 단계의 치열하고도 지난한 싸움을 준비하기 시작했습니다.

집을 넘어,
행복한 노후를 디자인하다

제가 여주 땅 위에 그리는 '마당 있는 작은 집' 커뮤니티는 단순히 예쁜 '두 번째 집'을 모아 분양하는 사업이 아니었습니다. 저는 입주하는 분의 현재 '삶의 질'을 높이는 것을 넘어 그분들의 먼 '미래'와 '행복한 노후'까지 함께 디자인하고 싶다는 원대한 꿈을 꾸었습니다.

사랑하는 반려견 때문에, 혹은 복잡한 도시를 벗어나 자연 속 평화로운 삶을 동경해 이곳 여주를 선택한 분이 훗날 "내 인생 최고의 선택이자 가장 현명한 투자였다"고 진심으로 말할 수 있기를 간절히 바랐습니다. 그래서 저는 이 프로젝트에 '지속 가능한 행복'이라는 중요한 키워드를 더했습니다.

'마당 공유 시스템' 등으로 세컨드하우스를 산 분이 초기 경제적 부담을 덜며 즐겁게 생활하다가 은퇴 후에는 이곳에서의 삶이 어떻게 이어질 수 있을까? 저는 그분들의 안정적이고 풍요로운 '은퇴 후의 삶'까지 구체적으로 상상하며 이 공간을 계획했습니다.

예를 들어 기존 도심 아파트를 매각하거나 전·월세로 전환해 안정적인 현금 흐름을 확보하고 이곳 여주의 세컨드하우스를 은퇴 후 '본집'으로 삼아 사랑하는 반려견과 여유롭고 행복한 노후를 보낼 수 있다면 얼마나 멋질까요?

처음에는 10평 남짓의 아담하고 실용적인 집으로 시작하지만 저는 처음부터 장기적인 관점에서 각 세대의 상황 변화에 유연하게 대응하도록 '증축'의 가능성을 열어두고 개발행위허가를 받을 계획이었습니다. 자녀들이 모두 성장해 독립하고 부부만 남거나 생활 방식의 변화로 더 넓은 공간이 필요할 때 큰 어려움 없이 집의 규모를 확장할 수 있도록 말입니다.

이것은 단순히 주거 공간의 물리적 확장을 넘어섭니다. '투자' 관점에서도 매우 매력적인 그림이었습니다. 아시다시

피 지금은 은행에 넣어둔 현금 가치가 인플레이션으로 계속 떨어지는 시대입니다. 그래서 많은 분이 아파트 같은 전통적인 투자처 외에 새로운 대안을 찾고 있습니다. 그런데 만약 '사랑하는 반려견과 함께 자연 속에서 살아갈 마당 있는 집'이라는 분명한 목적과 특별한 가치를 지닌 이곳에 투자한다면 어떨까요? 그것은 단순한 소비를 넘어 시간이 지날수록 가치가 더욱 상승할 것으로 기대되는 실물 자산(임야 기반 주택)에 대한 현명한 투자가 될 것이라 확신했습니다. 사랑하는 반려견과의 행복한 삶을 위한 투자가 결국 자신의 든든한 노후 준비까지 책임져주는 아름다운 선순환 구조! 저는 이것이 충분히 현실 가능한 이야기라고 굳게 믿었습니다.

제가 사업 부지로 선택한 경기도 여주라는 지역의 입지 조건 역시 이런 장기적인 비전을 훌륭하게 뒷받침했습니다. 수도권 중심부에서는 다소 거리가 있지만 서울 접근성이 비교적 양호한 외곽에 위치하면서도 주변에는 골프장, 스키장, 여주 프리미엄 아울렛 등 은퇴 후 다양한 여가 생활을 즐기기에 충분한 문화 및 편의 인프라를 잘 갖추고 있었습니다. 아름다운 자연 속 평화롭고 여유로운 삶과 동시에 원할 때는 언제든 다채로운 액티비티와 편리한 쇼핑을 즐길 수 있는 곳. 사랑하는 반려견과 행복한 노후를 보내기에 이보다 더 좋은 곳이 또 있을까 하는 생각이 들었습니다.

  저는 단순히 보기 좋은 집을 지어 파는 건축업자가 되기를 원치 않았습니다. 그보다는 사람들의 '더 나은 삶'과 '행복한 미래'를 함께 고민하고 설계하며 실질적인 가치를 제안하는 '라이프스타일 크리에이터'가 되고 싶었습니다. 그리고 그 원대한 꿈을 현실로 만들기 위한 첫 단추가 바로 이 모든 구상을 합법적으로 실현할 '개발행위허가'를 성공적으로 받아내는 것이었습니다. 이제 저는 이 거대하고 험난한 산을 넘기 위한 구체적인 행동 계획을 하나하나 세우기 시작했습니다.

'내 땅' 만들기: 소유권 확보와 자금 현실

앞서 저는 여주 땅 위에 '마당 있는 작은 집' 커뮤니티라는 원대한 꿈을 그리고, 이를 실현하기 위한 첫 단추가 '개발행위허가'를 받는 것이라 말했습니다. 하지만 그 거대한 산을 넘기에 앞서 제게는 해결해야 할 또 하나의 현실적인 문제가 있었습니다. 바로 여주 땅의 완전한 '소유권 확보'였습니다.

비록 어렵게 법적 진입로를 확보했지만 저는 여전히 해당 토지의 '임차인' 신분이나 마찬가지였습니다. 제가 꿈꾸는 온전한 사업을 펼치고 장기적인 투자를 성공시키려면 결국 이 땅의 진정한 '주인'이 되어야 했습니다. "내 사업은 반드시 내 부동산 위에서 펼쳐야 한다!"는 오랜 사업 원칙을 다시 되새겼습니다. 그러려면 '개발행위허가'라는 최종 목표 이전에 이 땅을 '매입'하는 관문을 먼저 넘어야 했습니다.

저는 먼저 '임업인 주택' 제도를 활용해 이 문제를 풀어갈 가능성을 조심스럽게 타진해보기로 했습니다. 당시 제가 파악한 바로는 이론상 임업인 주택은 기존 농로나 마을 안길만 확보돼도 별도의 토지사용승낙서 없이 건축 허가가 가능하다고 알려져 있었기 때문입니다. 만약 이 방법이 가능하다면 합법적인 건축물(임업인 주택)을 지렛대 삼아 토지의 담보 가치를 높일 수 있었습니다. 이를 통해 토지 매입을 위한 은행 대출이나 원소유주와의 매매 가격 협상에서 유리한 고지를 점할 수 있다는 계산이었습니다.

저는 아직 관련 서류를 완벽히 준비하지 못한 상태에서 일단 가능성이라도 확인해볼 요량으로 동업자 친구와 함께 담당 공무원을 찾아갔습니다. 그런데 정말 뜻밖에도 공무원에게 의외의 답변을 들었습니다. 위성사진으로 저희 땅 주변의 길처럼 보이는 농로를 확인한 공무원은 이렇게 말했습니다.

"어, 이 정도면 임업인 주택 건축이 가능할 것 같은데요?

그냥 일반 농업인 주택 개념으로 생각하시면 아마 쉽게 허가 날 겁니다."

큰 문제 없이 진행될 수 있다는 듯한 매우 긍정적인 반응이었습니다. 솔직히 저는 속으로 '정말 이렇게 쉽게 해결될까?' 의심하면서도 '혹시 이번에는 진짜 길이 열리나?' 하는 한 줄기 기대감도 생겼습니다. 어쩌면 그때 저는 또 다른 어려움이나 부정적인 이야기를 듣고 싶지 않았는지도 모릅니다. 저는 더 깊이 묻지 않고 "아, 네! 감사합니다!" 하고는 일단 기분 좋게 물러 나왔습니다.

이렇게 예기치 않게 얻은 '긍정적인 신호'(비록 불확실한 가능성이었지만)는 제게 다음 단계로 나아갈 큰 용기를 주었습니다. 저는 곧바로 여주 땅의 원소유주인 친척분께 연락해 본격적인 토지 매입 협상을 시작했습니다. 마침 친척분께서도 연세가 많아 넓은 임야를 계속 관리하는 데 부담을 느끼셨고, 제가 과거 광주에서 어려움 속에서도 사업을 일궈냈던 모습과 앞으로의 구체적인 계획을 믿으셨기에 협상은 생각보다 훨씬 순조롭게 진행됐습니다.

하지만 문제는 역시 '자금'이었습니다. 광주의 여러 문제로 가용 자금이 거의 바닥난 제게 당장 수억 원에 달하는 땅값을 치를 경제적 여력은 전혀 없었습니다. 저는 다시 한번 제 어려운 상황과 그럼에도 이 땅의 가치를 반드시 키워낼 수 있다는 비전과 열정을 솔직하게 설명하며 간곡히 설득했습니다.

"지금 당장은 가진 현금이 부족해 약속한 매매대금을 한 번에 드리기 어렵습니다. 하지만 제 모든 능력과 경험을 걸고 이 땅을 반드시 성공적인 사업 부지로 만들 자신이 있습니다. 얼마 전 담당 공무원에게 임업인 주택 허가도 가능할 것 같다는 긍정적인 답변을 들었으니, 그렇게만 되면 이 땅의 가치는 지금보다 훨씬 오를 것입니다. 그러니 부디 저를 믿으시고 우선 은행 대출 등으로 마련할 선금을 먼저 받으신 후, 나머지 잔금은 제가 이 땅의 맹지 문제를 완전히 해결하고 본격적인 개발 허가를 받는 시점에 치를 수 있도록 배려해주시면 감사하겠습니다."

이것은 전적으로 저에 대한 '신뢰'에 기반한 파격적인 제안이었습니다. 그리고 너무나 감사하게도 친척분은 제 진심과 간절함을 믿고 제안을 흔쾌히 받아주셨습니다. 저희는 마침내 은행 대출과 일부 투자금을 합쳐 토지 매매 계약을 정식으로 체결하고 소유권 이전 등기까지 모두 마쳤습니다.

(이전 광주 동업 과정에서 겪었던 아픔과 불신의 경험은 제게 너무나 큰 교훈을 남겼습니다. 그래서 이번 여주의 새로운 시작만큼은 저를 믿고 함께하는 오랜 친구에게 과거의 저와 같은 어려움이나 부당함을 절대 겪게 하고 싶지 않았습니다. 그래서 저는 망설임 없이 이 땅을 저와 친구가 각자 50대 50 지분을 갖는 공동명의로 등기했습니다. 이것은 단순한 지분 약속을 넘어 서로에 대한 완전한 신뢰와 존중을 바탕으로 함께 성장하겠다는 굳은 다짐의 표현이었습니다.)

계약 조건상 선금을 치르고 잔금은 추후에 지불하는 것이었지만, 법적으로 이 여주 땅은 이제 명실상부한 '우리 땅'이 된 것입니다.

돈보다 신뢰와 능력, 기회 창출의 힘

 여주 땅의 소유권을 확보하는 과정을 통해 저는 다시 한번 돈보다 더 중요한 가치와 성공의 원리를 깊이 깨달았습니다. 바로 '돈이 없다고 해서 눈앞의 좋은 기회를 놓쳐서는 안 된다'는 절실한 교훈이었습니다.

 물론 준비 없이 욕심만 앞세운 무모한 도전은 실패로 이어지기 쉽습니다. 하지만 내가 가진 '능력'과 흔들리지 않는 '비전'을 상대에게 진정성 있게 보여주고 깊은 '신뢰'를 얻을 수 있다면, 당장 손에 쥔 현금이 부족해도 얼마든지 '레버리지'(은행 대출, 투자 유치, 유리한 계약 등)를 효과적으로 활용해 소중한 기회를 현실로 만들 수 있습니다.

그렇다면 이런 기회를 만드는 근본적인 힘은 어디서 올까요? 저는 그것이 평소 자신의 '능력'을 끊임없이 갈고닦는 데서 비롯된다고 믿습니다. 단순히 눈앞의 돈만 좇는 것이 아니라 내가 가진 '지식'과 '경험'을 바탕으로 다른 사람에게 실질적인 '가치'와 '이익'을 제공할 수 있는 능력, 이것이야말로 진정한 부를 창출하고 지속 가능한 성공을 이루는 가장 근본적인 힘입니다.

만약 당신이 현재 평범한 직장인이라면 아마 당신의 시간과 능력을 회사에 제공하고 정해진 대가로 월급을 받고 있을 겁니다. 그것은 어쩌면 딱 그만큼의 등가 교환일 수 있습니다. 혹시 '나는 내 능력에 비해 너무 적은 월급을 받고 있어.'라고 불평만 한다면 스스로 가치를 제대로 증명하거나 더 나은 기회를 적극적으로 찾으려는 노력이 부족했던 건 아닌지 돌아볼 필요가 있습니다. 정말로 뛰어난 능력을 갖춘 사람이라면, 마치 제가 소중한 동업자 친구의 가치를 알아보고 더 나은 조건을 제시하며 함께 사업을 제안했듯 분명 누군가는 더 좋은 조건으로 당신을 필요로 할 것입니다. 혹은 당신 스스로 가치를 더 높게 인정받을 새로운 길을 찾아 적극 나서야 합니다.

그래서 저는 아무리 바쁘고 힘든 상황에서도 '자기 계발'을 멈추지 않습니다. 차로 이동하는 중에도, 잠들기 전 아주 짧은 시간이라도 틈틈이 관련 분야 유튜브 영상을 보고 책을 읽으며 새로운 지식과 정보를 얻으려 노력합니다. 왜냐고요? 지금 제 모습이 제가 가진 능력의 전부가 아님을 스스로 잘 알기 때문입니다. 그리고 무엇보다 '주변 환경이 결국 나를 만든다'는 단순하지만 강력한 진리를 굳게 믿습니다.

수많은 자기계발서가 공통으로 하는 이야기 중 하나가 "지금 당신 주변의 가장 가까운 사람 5명의 평균이 바로 당신의 모습이다."라는 말입니다. 저는 이 말이 정말 정확한 진리라고 생각합니다. 과거 스노보드 선수 시절을 돌이켜보면 더욱 그렇습니다. 만약 제가 처음부터 동네 스노보드 동호회 활동에만 만족했다면 어떻게 되었을까요? 아무리 타고난 재능이 있었더라도 2, 3년이 지나도 결국 '동호회 에이스'라는 작은 울타리를 벗어나기 어려웠을 겁니다. 하지만 저는 달랐습니다.

처음 스노보드를 접했을 때부터 일반 라이딩보다 화려하

고 역동적인 '트릭' 기술에 매료됐습니다. 더 높은 수준의 기술을 익히고 싶어 선수들이 모이는 '파크'를 찾아다녔고 결국 세계적인 '프로' 선수들과 어깨를 나란히 하기 위해 '해외 원정 훈련'까지 감행했습니다. 이처럼 의식적으로 더 높은 수준의 환경에 저 자신을 계속 노출했기에 저는 남들보다 훨씬 짧은 기간에 프로 선수로 데뷔하고 국가대표라는 영광까지 거머쥘 수 있었습니다.

만약 당신도 진정으로 부자가 되고 싶고 몸담은 분야에서 최고의 '고수'가 되기를 꿈꾼다면 지금 당장 수준이 미치지 못한다고 좌절하거나 포기하지 마십시오. 의식적으로 더 높은 수준의 환경에 자신을 던지고 성공한 사람들과 교류하며 그들의 생각과 방식을 배우려 노력해야 합니다. 주변에 직접 만날 사람이 없다면 어떡하냐고요? 괜찮습니다. 요즘은 책이나 유튜브, 온라인 강의 등 다양한 매체로 얼마든지 최고 수준의 지혜와 경험을 접할 수 있는 시대입니다. 중요한 것은 현실에 안주하려는 마음을 경계하고 끊임없이 배우고 성장하려는 의지를 갖는 것입니다. 안주하는 순간 우리의 성장은 그대로 멈춰버립니다.

스노보드의 지혜: 사람의 마음 읽기

 돌이켜보면 스노보드는 제게 단순히 기술적 성취나 대회 입상 같은 가시적인 결과만 준 것이 아니었습니다. 어쩌면 그보다 훨씬 값지고 본질적인 것, 바로 '사람의 마음을 읽는 눈'을 가르쳐주었습니다.

 제가 한창 해외 원정 훈련을 다니던 젊은 시절, 솔직히 저는 '자기 계발'이라는 거창한 목표보다 외국인 친구들과 자유롭게 어울리며 파티를 즐기는 데 더 많은 시간을 보냈습니다. 그때 저는 혈기왕성한 젊은이였고 새로운 세상에서 만끽하는 자유를 마음껏 누리고 싶었습니다. 제가 앞서 말한 '요령'으로 단기간에 익힌 외국어 실력은 현지인과 깊이 있는 철학적 대화를 나누기에는 턱없이 부족했습니다.

하지만 역설적이게도 바로 그 '언어의 장벽'이 제게 아주 특별한 능력을 길러주는 예상치 못한 계기가 되었습니다. 말이 완벽하게 통하지 않으니 저는 자연스럽게 상대방의 아주 작은 표정 변화, 미묘한 눈빛의 흔들림, 무심코 취하는 몸짓 하나하나에 극도로 집중했습니다. 상대가 지금 어떤 생각을 하는지, 어떤 감정을 느끼는지를 읽어내려 필사적으로 노력하는 훈련을 저도 모르게 매일 하고 있었던 것입니다.

처음에는 원활한 소통을 위한 생존 본능에 가까웠지만 시간이 흐르고 경험이 쌓이면서 저는 이것이 사업가로서 성장하는 데 얼마나 중요하고 강력한 능력인지를 점차 깨달았습니다. 결국 사업이란 고도의 심리 게임과 마찬가지입니다. 고객이든 파트너든, 심지어 까다로운 공무원이든 상대가 진정으로 무엇을 원하고 두려워하며 어떤 가치에 마음이 움직이는지를 정확히 파악해야 합니다. 그리고 거기에 맞춰 최적의 해결책과 만족을 제공해야 하기 때문입니다. 제가 아무리 세상에 없는 훌륭한 물건이나 기발한 아이디어를 가졌다고 한들 상대의 마음을 얻지 못하고 그들의 필요를 충족시키지 못하면 아무 소용이 없습니다.

  스노보드를 타며 전 세계 다양한 사람을 만나며 치열하게 경쟁하고 때로는 마음을 열고 교류했던 모든 소중한 경험이 결국 저를 더 깊이 있고 통찰력 있는 사업가로 성장시키는 든든한 밑거름이 되었습니다. 마치 아찔한 높이의 점프대 위에서 완벽한 공중 동작을 성공시키려 수없이 넘어지고 구르며 섬세한 균형 감각을 익혔듯, 저는 사람과의 다채로운 관계 속에서 때로는 상처받고 기뻐하며 '사람의 마음을 읽는 감각'을 끊임없이 단련시켰습니다.

  저는 이제 확신합니다. 우리 삶에서 마주하는 모든 경험은 설령 쓰라린 실패나 의미 없는 방황처럼 느껴져도 결국 어떤 식으로든 서로 연결되어 나의 성장에 반드시 기여한다는 것을 말입니다. 그러니 독자 여러분도 지금 자신이 처한 환경이나 능력의 한계에 스스로를 가두지 마십시오. 익숙하고 편안한 틀을 과감히 깨고 새로운 환경에 도전하며 다양한 배경과 생각을 가진 사람들을 만나고 당장은 쓸모없어 보이는 경험이라도 기꺼이 부딪쳐보시길 바랍니다. 언제, 어디서, 어떤 방식으로 그 경험이 당신 인생에 예상치 못한

'플러스알파(+α)'가 되어 놀라운 시너지를 발휘하며 돌아올지는 아무도 모릅니다. 그렇게 익숙한 것들과 결별하고 미지의 세계로 용기 있게 나아가는 자세야말로 당신을 어제보다 더 나은 삶으로 이끌 가장 확실한 원동력이 될 것입니다.

만약 지금 당장 주변 환경을 바꾸기 어렵다고 느껴진다면 너무 좌절하지 않아도 괜찮습니다. 다행히 지금은 세상이 너무나 좋아졌습니다. 마음만 먹으면 유튜브나 온라인 플랫폼을 통해 각 분야 최고 전문가가 자신의 소중한 지식과 값진 경험을 아낌없이 나눠주는 양질의 콘텐츠를 얼마든지 찾아보고 배울 수 있는 시대이지 않습니까? 그런 좋은 콘텐츠를 꾸준히 접하고 배우는 것만으로도 당신은 충분히 성장하고 발전할 수 있습니다. 가장 중요한 것은 현실에 안주하지 않고 끊임없이 더 나은 나를 향해 나아가려는 '간절한 의지'입니다.

첫 도전 카드
'임업인 주택'과 현실의 벽

 마침내 여주 땅 등기부등본에 저와 친구의 이름이 공동으로 당당히 올라가자(비록 잔금 지불 과제는 남았지만) 세상을 다 얻은 듯 벅찬 기분이 들었습니다. 이제 정말 법적으로도 명실상부한 '우리 땅' 위에서 원대한 꿈을 마음껏 펼칠 수 있게 된 것입니다.

 저는 가장 먼저 '개발행위허가'라는 큰 산을 넘기 위한 첫 도전 카드로 '임업인 주택' 건축 허가를 받아내기로 했습니다. 이미 저희는 '산림경영관리사' 건축 허가를 받아 설치를 완료했지만(이는 면사무소에 신고만으로 가능한 가설건축물 개념입니다) 임업인 주택은 그와 달리 엄연한 '정식 주택'

으로 분류됩니다. 만약 허가만 받을 수 있다면 훨씬 큰 법적 의미와 사업적 가능성을 가질 수 있었습니다.

특히 제가 '임업인 주택' 카드에 주목한 가장 큰 이유는 당시 제가 파악하기로 이론상 임업인 주택은 기존 농로나 마을 안길만 제대로 확보돼도 별도의 까다로운 토지사용승낙서 제출 없이 건축 허가가 가능하다고 알려져 있었기 때문입니다. 만약 이 방법이 가능하다면 골치 아픈 주변 토지주와 추가 협상 없이도 합법적인 주택을 저희 땅에 확보하게 됩니다. 이를 발판 삼아 추가 은행 대출을 받거나 다음 단계의 본격적인 개발 사업으로 나아갈 수 있는 가장 이상적이고 빠른 길처럼 보였습니다.

더군다나 이전에 친구와 함께 여주시청을 처음 찾아갔을 때 담당 공무원이 보였던 뜻밖의 긍정적인 초기 반응("어, 이 정도면 가능할 것 같은데요?") 역시 제 기대감을 한껏 부풀렸습니다. 저는 부푼 희망을 안고 다시 동업자 친구와 함께 여주시청 담당 공무원을 찾아갔습니다. 이번에는 단순한 가능성 타진이 아닌 정식으로 임업인 주택 건축 허가를 신청하기 위해서였습니다.

하지만 저를 맞이한 담당 공무원의 표정은 이전과 확연히 달랐습니다. 제가 제출한 서류를 검토하던 그의 미간이 조금씩 찌푸려졌습니다. 잠시 후 그는 제가 전혀 예상치 못한 차가운 한마디를 내뱉었습니다.

"안 됩니다. 선생님께서 신청하신 부지로 통하는 이 진입로는 현재 포장되지 않은 비포장도로라 임업인 주택 건축 허가를 위한 법정 도로로 인정할 수 없습니다."

"네? 그게 무슨 말씀이십니까?" 제 귀를 의심하지 않을 수 없었습니다. 불과 얼마 전까지만 해도 가능할 것 같다고 긍정적으로 말했던 바로 그 공무원이 아니던가. "저번에 왔을 때는 가능할 것 같다고 분명히 말씀하시지 않았습니까?"

하지만 그는 단호하게 고개를 저으며 못을 박았습니다. "그때는 제가 현장 상황과 관련 규정을 정확히 알지 못했습니다. 다시 면밀히 확인해보니 이곳은 포장되지 않은 농로(農路) 형태라 현행 건축법상 주택 건축 허가를 위한 정식 도로로 인정하기 어렵습니다."

순간 눈앞이 캄캄했습니다. 그렇게 철석같이 믿었던 공무원의 말이 이렇게 하루아침에 뒤집힐 수 있다니. '비포장도로라 건축 허가가 안 된다고? 내가 밤새도록 찾아본 법규나 지침 어디에도 진입로 포장 의무화 규정은 없었는데!' 오히려 포장도로일 경우 건축 가능한 면적이나 규모에 대한 혜택 규정만 있었을 뿐, 임업인 주택은 경우에 따라 토지사용승낙서 없이도 허가가 가능하다는 관련 법규 문구나 해석의 여지까지 어렵게 찾아두지 않았던가.

저는 터져 나오는 황당함과 분노를 간신히 억누르고 최대한 차분하고 이성적인 목소리로 제가 아는 법적 근거들을 하나하나 제시하며 그의 결정에 반박했습니다. "담당자님, 제가 알기로는 임업인 주택의 경우 진입로가 반드시 포장되어야 한다는 명시 규정은 없는 것으로 압니다. 오히려 기존 도로가 포장돼 있을 경우 건축 가능한 도로 폭이 3미터일지라도 관계 법령 심의를 거쳐 4미터 이상의 개발행위허가 기준을 충족한 것으로 보는 혜택 규정이 있다고 알고 있습니다. 관련 법규나 지침 어디에도 비포장도로는 절대 안 된다는 내용은 명시되어 있지 않습니다. 혹시 제 서류가 구체적으로 어떤 기준에 맞지 않아 허가가 어렵다고 판단하신 것인지 명확한 법적 근거와 함께 상세히 설명해주시면 감사하겠습니다."

보이지 않는 벽,
협상 결렬과 새 깨달음

 제가 제시한 논리적 반박과 법적 근거에도 담당 공무원의 입장은 확고했습니다. 그의 표정에서는 '법규 자체는 그럴지 몰라도 현실적으로는 어렵다'는 완강한 기색이 역력했습니다. 저는 그때 직감했습니다. '아… 이것은 단순히 법규 해석의 문제를 넘어선, 또 다른 보이지 않는 무언가가 작용하고 있구나.'

 답답하고 착잡한 마음으로 시청을 나선 저는 곧바로 주변 탐문에 나섰습니다. 도대체 왜 담당 공무원이 이처럼 완강하게 나올까? 그 숨겨진 이유를 알아내야 했습니다. 저는 주변의 다른 토지주들을 찾아가 조심스럽게 저희 땅과 진입로 문제에 얽힌 과거 이야기를 물었습니다. 그리고 마침내 한 인접 지주로부터 결정적인 사실을 들었습니다.

"아이고, 사장님 땅으로 들어가는 그 앞쪽 땅 아주머니, 보통 분이 아니에요. 옛날에 시에서 예산을 들여 동네 길을 전부 포장해줄 때도, 자기 땅 앞에 도로 포장하는 걸 극구 반대하며 끝까지 버텨서 결국 저기만 저렇게 흙길로 남은 겁니다."

그 말을 듣는 순간 풀리지 않던 머릿속 퍼즐 조각이 완벽하게 맞춰지는 듯했습니다. '아, 그래서 이 길만 유독 비포장으로 남았구나! 그리고 담당 공무원은 바로 그 토지주 아주머니의 강력한 민원이 두려워 명확한 법적 근거도 없이 '비포장도로'라는 애매한 이유를 내세워 내 건축 허가를 내주지 않으려 했던 거구나!'

저는 그제야 담당 공무원의 진짜 속내를 어렴풋이 짐작할 수 있었습니다. 그를 무작정 원망하기보다 그의 입장도 어느 정도 이해가 갔습니다. 저라도 그처럼 까다로운 민원인이 개입될 것이 예상된다면 어떻게든 책임을 회피하고 싶었을 테니까요.

이제 상황은 더 명확해졌습니다. 단순히 법규만 갖고 싸워서는 이 문제를 해결할 수 없다는 것을 깨달았습니다. 결국 이 문제 해결의 열쇠는 진입로 앞쪽 땅의 소유주인 아주머니가 쥐고 있었습니다. 담당 공무원이 에둘러 요구한 것은 결국 그분의 '토지사용승낙서'였던 셈입니다.

저는 이미 한 번 그분에게 싸늘한 반응을 경험했지만 마지막 지푸라기라도 잡는 심정으로 다시 몇 번이고 그분 집 문을 두드렸습니다. 최대한 정중한 태도로 간곡히 부탁하고 저희 땅이 개발되면 주변 땅의 가치도 함께 오를 수 있다는 점을 들어 설득도 시도했습니다. 하지만 안타깝게도 돌아오는 것은 시간이 갈수록 더 황당하고 비현실적으로 높아지는 무리한 요구 조건뿐이었습니다. 그분은 제 절박한 상황을 정확히 꿰뚫어 보고 그것을 최대한 이용해 더 큰 이익을 얻으려 하는 듯했습니다. 더 이상의 대화는 무의미하다고 판단했고 결국 협상은 완전히 결렬됐습니다.

저는 또다시 거대한 '보이지 않는 벽' 앞에 가로막힌 기분이었습니다. '임업인 주택 건축 허가' 카드를 통해 맹지 문제를 수월하게 풀어보려던 계획은 그렇게 완전히 좌초되고 말았습니다. 운영 중인 '펫 마운틴 여주점'에서 근근이 수익이 나고는 있었지만 그 수익만으로는 저와 친구의 기본 생활비를 충당하고 대출 이자를 감당하며 추가 개발을 진행하기에는 턱없이 부족했습니다. 맹지 상태를 벗어나 정식 개발행위허가를 받아야 추가 금융 지원으로 친척분께 약속한 잔금도 치르고 꿈에 그리던 세컨드하우스 부지 조성 등 본격적인 시설 투자도 할 수 있는데 그 모든 길이 또다시 막혀버린 것입니다. 통장 잔고는 점점 줄었고 시간은 야속하게 흘러만 갔습니다.

이 깊은 좌절의 과정을 통해 저는 또 하나의 뼈아픈 깨달음을 얻었습니다. 법과 규정이라는 '이론'과 그것이 실제로 적용되는 복잡한 '현실' 사이에는 생각보다 훨씬 엄청난 간극이 존재할 수 있다는 사실이었습니다. 그리고 그 간극을 만드는 것은 때로 명문화된 법 조항이 아니라 그 법을 해석하고 집행하는 '사람'(이해관계에 얽힌 민원인, 혹은 책임을 회피하려는 공무원 등)의 주관적인 입장과 복잡한 이해관계, 때로는 그들의 보이지 않는 '마음'이라는 것을 말입니다. 아무리 완벽한 법적 논리와 타당한 명분을 갖춰도 현실에서는 도저히 넘을 수 없을 것 같은 거대한 벽이 존재할 수 있다는 것을 다시 한번 뼈저리게 인정해야 했습니다.

  저는 이제 '임업인 주택'이라는, 어쩌면 처음부터 실현 불가능한 신기루였을지 모를 쉬운 길에 대한 미련을 완전히 버려야 했습니다. 그리고 더 어렵고 험난한 과정이 예상되지만 정면으로 부딪쳐 '본격적인 개발행위허가'와 그에 필요한 '정식 도로 개설'이라는 진짜 목표를 향해 나아가야 한다는 것을 절실히 깨달았습니다. 이것이 바로 여주 땅에서 제가 마주한, 그리고 반드시 넘어야만 할 두 번째 거대한 산이었습니다.

현실의 무게와
끝없는 번아웃

 '임업인 주택'이라는 마지막 희망의 카드마저 담당 공무원의 완고한 현실 인식이라는 벽 앞에서 힘없이 꺾였습니다. 저는 이 쓰라린 과정을 통해 법과 현실 사이의 냉혹한 민낯을 다시 처절하게 마주해야 했습니다. 때로는 법전에 명시된 글자보다 담당 공무원 한 사람의 개인적인 '재량' 혹은 그저 '책임을 지지 않으려는 소극적인 마음'이 훨씬 강력한 힘을 발휘할 수 있다는 것을 말입니다.

그리고 한때 마지막 돌파구라 여겼던 '임업인 주택' 제도 역시 실제 현장에서는 일반 주택 건축과 거의 동일한 수준의 까다로운 규제에 부딪히며 사실상 허울뿐인 경우가 많다는 것도 뼈저리게 깨달았습니다. 수많은 임업 관련 교육이나 정책 홍보 자료에서 떠들던 희망찬 미래(자연 속 풍요로운 삶, 성공적인 귀농귀촌의 꿈)와 실제 척박한 임야 개발 현장 사이의 괴리감은 또 얼마나 컸던지요.

현실은 온통 "안 됩니다.", "불법입니다.", "어렵습니다." 라는 부정적인 답변으로 가득했고 정작 산지 개발로 새로운 가치를 창출하려는 임업인에게 돌아오는 실질적인 지원이나 혜택은 거의 찾아보기 어려웠습니다. 왜 그토록 많은 사람이 "임야 개발은 정말 어렵다"고 이구동성으로 말했는지 저는 매일 온몸으로 그 무게를 실감했습니다.

하지만 여기서 포기할 수는 없었습니다. 저는 마지막 지푸라기라도 잡는 절박한 심정으로 이전에 협상이 결렬된 진입로 앞쪽 땅 토지주 아주머니를 다시 찾아갔습니다. 하지만 이미 제 다급하고 절박한 상황은 그분에게 모두 간파된 뒤였습니다. 안타깝게도 협상 테이블에서 약자의 모습은 결코 상황을 유리하게 이끌지 못합니다. 제 상황이 어려워질수록 그분의 요구 조건은 더 비현실적이고 감당하기 어려운 수준으로 높아졌고 결국 두 번째 협상 역시 아무 소득 없이 완전히 결렬되고 말았습니다.

이제 정말 사방이 꽉 막힌 듯한 절망감이 들었습니다. 맹지 상태를 벗어나 정식 개발행위허가를 받아야 추가 금융 지원으로 친척분께 약속한 잔금도 치르고 꿈에 그리던 세컨드하우스 프로젝트도 본격적으로 진행할 수 있는데, 그 모든 길의 입구가 단단히 막혀버린 것이었습니다.

추가 재투자가 불가능해지자 어렵게 오픈한 '펫 마운틴 여주점'의 시설은 눈에 띄게 낡아가기 시작했습니다. 손님이 쓰는 텐트는 반려견의 날카로운 발톱에 찢겨나갔고 야외 시설물은 쌓이는 송진 가루와 흙먼지로 금세 더러워졌습니다. 다행히 찾아주시는 손님이 직접 불만을 표현하지는 않았지만 제 마음은 매일 타들어 가는 것 같았습니다. 더 좋은 환경과 서비스를 제공하고 싶어도 당장의 현실적 제약 때문에 그럴 수 없다는 사실이 저를 더 괴롭게 만들었습니다.

이러한 운영상의 어려움은 결국 매출 부진으로 이어졌고 과거 '펫 마운틴 광주점'이 누렸던 폭발적인 영광에 한참 못 미치는 초라한 성적표를 받아야 했습니다. 저는 이 답답한 행정적 교착 상태를 풀기 위해 매일 시청과 관련 기관을 분주히 오가며 방법을 모색했지만 뚜렷한 성과나 해결의 실마리는 좀처럼 보이지 않았습니다.

  그 사이 제 가장 든든한 동업자이자 소중한 친구는 혼자서 이 넓은 임야와 최소한의 시설을 관리하며 육체적으로나 정신적으로 점점 지쳐가고 있었습니다. 한때 열정으로 빛나던 그의 얼굴에는 어느새 웃음기 대신 깊은 피로감이 역력했습니다. 저희는 서로에게 힘이 되어주려 애썼지만 광주에서부터 이어진 기나긴 시련과 계속되는 좌절감은 저희의 소중한 에너지와 희망을 야금야금 갉아먹고 있었습니다.

  어느덧 저희는 서로의 얼굴을 마주 보며 '번아웃(burnout)'이라는 단어를 조심스럽게 입에 올리기 시작했습니다. 분명 가슴 뛰는 희망을 보고 여기까지 달려왔지만 눈앞에는 여전히 넘을 수 없을 듯한 거대한 벽이 굳건히 가로막고 있었고 저희는 그 거대한 벽 앞에서 서서히 모든 힘을 잃고 지쳐가고 있었습니다. 빛 한 줄기 보이지 않는 깊고 어두운 터널 속에 갇힌 듯 절망적인 어둠은 끝없이 깊어만 갔습니다.

벼랑 끝 선택,
단 하나의 길에 집중하다

제가 마주한 현실의 벽은 실로 높고 단단하게만 느껴졌습니다. 마지막 희망이라 여겼던 '임업인 주택 허가'라는 우회로는 막다른 길이었고 진입로 토지주 아주머니와의 지난한 협상은 성과 없이 결렬됐으며 통장 잔고는 매일 위태롭게 말라갔습니다. 어렵게 운영하던 '펫 마운틴 여주점' 시설은 점점 낡아만 갔고 저와 동업자 친구는 누적된 피로와 스트레스 속에서 심리적으로 모든 에너지가 소진된 '번아웃' 직전의 상태까지 내몰렸습니다. 한 치 앞도 보이지 않는 캄캄한 어둠 속에서 희망보다 깊은 절망감이 더 가까이 느껴졌습니다.

저는 중대한 선택의 기로에 섰습니다. 이대로 포기하고 무너질 수는 없었습니다. 어떻게든 이 절체절명의 위기에서 벗어나야 했습니다. 당시 제 앞에는 크게 두 가지 길이 놓인 듯했습니다.

첫 번째 길은 일단 급한 불부터 끄는 것이었습니다. '펫 마운틴 여주점' 운영에 다시 집중해 매출을 최대한 끌어올려 당장의 현금 흐름을 개선하는 것입니다. 시설은 낡았지만 여전히 저희 공간을 아껴주시는 감사한 고객분들이 계셨고 눈앞의 생존을 위해서는 가장 현실적인 선택지처럼 보였습니다. 하지만 이것은 미봉책일 뿐 문제의 근본적인 해결책이 될 수는 없었습니다. 맹지 상태를 벗어나 정식 개발행위허가를 받지 못하는 한 저는 언제까지고 이 위태로운 사업 구조에서 벗어날 수 없을 것이기 때문입니다.

두 번째 길은 당장은 더 어렵고 불확실해 보이지만 문제의 핵심을 정면으로 돌파해 근본적인 해결책을 찾는 것이었습니다. 눈앞의 어려움은 당분간 감수하더라도 이 사업의 가장 큰 걸림돌인 '맹지 탈출'과 '정식 개발행위허가 취득'이라는 가장 높고 험준한 산을 넘는 데 모든 역량과 자원을 집중하는 것입니다. 만약 이 도전에 성공한다면 저는 비로소 이 여주 땅이 가진 진짜 가치를 세상에 드러내고 그토록 꿈꾸던 '세컨드하우스 프로젝트'를 향해 힘차게 나아갈 수 있을 터였습니다.

저는 깊은 고민 끝에 주저 없이 두 번째 길을 선택했습니다. 왜냐고요? 저는 임야 투자의 본질과 그 엄청난 잠재력을 누구보다 잘 알았기 때문입니다. 부동산 가치가 가장 극적으로 상승하는 순간 중 하나가 바로 누구도 거들떠보지 않던 '맹지'가 도로에 접해 개발 가능한 땅으로 변모하는 순간이라는 것을 말입니다.

또한 제가 이 사업으로 궁극적으로 고객에게 제공하고 싶었던 것은 단순히 반려견이 뛰어놀 공간이 아니라 자연과 교감하며 살아가는 '마당 있는 작은 집'이라는 새로운 라이프스타일 그 자체였습니다. 그 꿈을 이루려면 반드시 '개발행위허가' 관문을 통과해야 했습니다. 이것이야말로 제가 이 사업으로 이루고 싶은 핵심 가치이자 최종 목표였기에 저는 이 어려운 과제를 해결하는 것을 최우선 순위에 두기로 했습니다.

이처럼 어려운 결정을 내릴 수 있었던 데에는 곁을 묵묵히 지켜주는 든든한 동업자 친구에 대한 깊은 신뢰가 바탕이 되었습니다. 제가 앞으로 수많은 행정 처리와 까다로운 법적 문제 해결이라는 보이지 않는 전쟁에 모든 에너지를 집중하는 동안 그는 변함없이 여주 현장을 꿋꿋이 지키며 '펫 마운틴'의 어려운 운영과 관리를 도맡아 줄 것이라 굳게 믿었습니다. 저희는 서로의 강점과 역할을 명확히 나눠 이 거대한 위기를 함께 지혜롭게 헤쳐나가기로 다시 한번 의기투합했습니다.

저는 그렇게 다시 한번 모든 것이 불투명한 벼랑 끝에서 단 하나의 길을 찾아 나아가기로 했습니다. 이제 제 모든 생각과 신경은 오직 하나의 목표에 집중되었습니다. '어떻게 하면 이 지긋지긋한 맹지의 굴레를 벗어나 합법적인 개발행위허가를 받아낼 수 있을 것인가?' 저는 또다시 새로운 전략과 아무도 생각지 못한 '요령'을 찾아 절박한 심정으로 나섰습니다.

등잔 밑의 열쇠,
마침내 발견하다

 마지막 희망이라 여겼던 '임업인 주택 건축 허가' 카드마저 무용지물이 되고 완고한 토지주 아주머니와의 협상마저 결렬되자 저는 깊고 어두운 수렁에 빠진 듯한 절망감을 느껴야 했습니다. 통장 잔고는 매일 바닥을 향해 빠르게 줄었고 시간은 야속하게 저를 기다려주지 않고 속절없이 흘렀습니다.

 하지만 이대로 포기할 수는 없었습니다. 저는 다시 책상 위에 여주 임야의 지적도와 관련 항공사진, 주변 현황도 등 모든 지도 자료를 펼쳐 놓았습니다. '모든 문제 해결의 시작은 정확한 현황 파악과 냉철한 분석에서 비롯된다.' 이것은 제가 수많은 경험으로 얻은 불변의 원칙이었습니다.

저는 지푸라기라도 잡는 심정으로 눈에 불을 켜고 지도 위의 모든 선과 경계, 크고 작은 필지를 하나하나 샅샅이 훑었습니다. 특히 지난번 협상 실패의 원인이었던 지도상 유일한 도로 표시가 있던 완고한 토지주 아주머니 소유의 땅 주변을 더 집중적으로 살폈습니다. '정말로 이 아주머니 땅을 통하지 않고서는 우리 땅으로 들어갈 방법이 전혀 없는 걸까?' 어떻게든 그분의 숨은 약점이나 협상의 실마리가 될 단서를 찾아보려 애썼지만 뚜렷한 해답은 쉽게 보이지 않았습니다.

그렇게 지도와 자료를 다시 꼼꼼히 살피던 중 저는 마침내 등잔 밑이 어둡다는 속담처럼 그동안 미처 깨닫지 못하고 간과했던 결정적인 단서 하나를 발견했습니다. 그것은 바로 문제의 진입로가 시작되는 가장 첫 지점, 즉 아주머니 소유 땅보다도 더 앞쪽(공도에 더 가까운 쪽)에 위치한 '첫 번째 필지'의 존재였습니다.

그동안 저는 당연히 아주머니 땅까지 연결된 지도상의 '도로 표시'만 보고 그분과의 협상이 가장 중요하다고 생각했습니다. 하지만 지적도상 명백하게 그 도로는 아주머니 땅에 이르기 전에 바로 이 '첫 번째 필지'를 먼저 통과하고 있었습니다. 제가 너무나 당연하게 하나의 '도로'라고만 생각했던 비포장 농로의 일부가 사실은 이 앞쪽 땅 소유주의 사유지를 지나고 있다는, 어쩌면 처음부터 명백히 드러나 있었지만 제가 주목하지 못했던 그 당연한 사실에 비로소 제대로 초점을 맞추게 된 것입니다.

그 순간 머릿속 희미한 안개가 걷히며 한 줄기 빛이 쏟아져 들어오는 듯한 강렬한 깨달음을 얻었습니다. '잠깐… 그렇다면? 만약 내가 저 아주머니 땅을 지나기 위해 그분의 토지사용승낙이 필요하다면, 논리적으로 저 아주머니 역시 자기 땅으로 들어오기 위해 그 앞쪽 첫 필지 소유주의 승낙이 필요한 것 아닌가?'

만약 아주머니가 그동안 정식 사용승낙 없이 그 길을 관습적으로 이용했다면? 혹은 담당 공무원이 제게 요구했던 '토지사용승낙서'의 진짜 핵심 당사자가 완고한 아주머니가 아니라 바로 이 길의 시작점에 위치한 첫 필지의 소유주일 수도 있지 않을까?

저는 곧바로 그 첫 필지의 소유주에 대해 다방면으로 알아보기 시작했고 놀라운 사실을 확인했습니다. 그 첫 필지 소유주분은 문제의 아주머니와 오래전부터 잘 알던 '가까운 지인'이었고 아주머니는 그동안 별도의 공식적인 토지사용승낙서 없이 그 지인분의 묵인과 배려 덕분에 해당 진입로를 이용해오고 있었던 것입니다.

'찾았다! 드디어 찾았어!' 저는 속으로 쾌재를 불렀습니다. 아주머니의 토지사용승낙서가 있든 없든 이 문제 해결의 진짜 '열쇠'는 바로 이 첫 필지 소유주가 쥐고 있었던 셈입니다. 만약 그분과의 원만한 합의만 이루어진다면 이 길은 법적으로 완전한 '현황도로' 지위를 인정받거나 제가 그토록 원하던 개발행위허가에 필요한 '정식 사용승낙'을 받을 가능성이 훨씬 높아지는 것이었습니다. 더는 그 완고한 아주머니에게만 일방적으로 매달릴 필요가 없어진 것입니다.

저는 마침내 칠흑 같던 어둠 속에서 새로운 희망의 빛줄기를 발견한 기분이었습니다.

진짜 길을 열다:
정면 돌파와 협상의 저력

 마침내 문제 해결의 진짜 열쇠를 쥔 사람을 찾아냈다는 강한 확신이 들자 제게는 더 지체하거나 망설일 시간이 없었습니다. 저는 다시 깊은 심호흡으로 마음을 가다듬고 이번에는 '첫 필지 소유주'분을 직접 찾아뵈었습니다.
 과거 광주에서의 쓰라린 협상 실패 경험을 교훈 삼아 처음부터 마지막까지 최대한 정중하고 진솔한 자세로 다가가려 노력했습니다. 제가 처한 상황과 앞으로 여주 땅으로 이루고 싶은 비전, 그리고 그동안 가운데 토지주(아주머니) 때문에 겪어야 했던 어려움까지 솔직하게 털어놓으며 그분의 마음을 얻기 위해 최선을 다했습니다. 다행히 그분은 제 이야기를 귀 기울여 진지하게 들어주셨고 과거 저희 땅으로 이어지는 도로 포장 문제 등에 대해서도 어느 정도 소상히 알고 계신 듯했습니다.

이제 남은 것은 실질적인 협상으로 그분의 동의를 얻어내는 것이었습니다. 저는 협상에 임하는 기본 원칙을 다시 마음속에 새겼습니다. '이 세상에 공짜는 없다. 누구도 자기 소중한 땅을 아무 대가 없이 내주지는 않는다. 내가 진정 원하는 것을 얻으려면 반드시 상대가 만족할 만한, 아니 상대의 기대를 뛰어넘는 파격적인 무언가를 제공해야 한다.'

저는 이 땅이 가진 본질적인 가치와 앞으로 제가 만들 미래 청사진에 대한 확신이 있었기에 다소 파격적이더라도 상대의 마음을 움직일 제안을 할 준비가 되어 있었습니다. 몇 차례 신중한 만남과 깊이 있는 대화 끝에 마침내 그분께 최종 제안을 건넸습니다.

"어르신, 만약 저희 땅으로 들어가는 길(약 100평 규모)을 내주시는 데 최종 동의해주신다면 그 은혜에 보답하는 의미로 제가 소유한 여주 땅 중 가장 좋은 자리로 약 500평을 어르신께 드리겠습니다. 그리고 현금으로 1억 원을 추가로 드리겠습니다."

그야말로 파격적인 제안이었습니다. 단순히 길로 쓰일 100평 남짓한 땅의 시세와는 비교할 수 없을 정도로 엄청난 규모의 보상 조건이었습니다. 하지만 제게는 그 이상의 절박함과 가치가 걸린 문제였습니다. 이 협상만 성공하면 약 1만 평이 넘는 저희 소유 맹지가 마침내 세상으로 통하는 길을 얻게 되고 그 순간 이 땅의 가치는 수직 상승할 것이라는 확신이 있었습니다. 그렇게 본다면 1억 원 현금과 500평 땅은 결코 아깝거나 손해 보는 투자가 아니었습니다.

비록 당장 제 수중에 그만한 현금이 없었지만 이 협상이 타결되기만 한다면 어떻게든 필요한 자금을 마련할 자신이 있었습니다. 눈앞의 위험보다 앞으로 얻게 될 훨씬 큰 보상이 명확하게 보였기 때문입니다.

결과는 어떻게 되었을까요? 놀랍게도 그분은 저의 진심과 파격적인 제안을 받아주셨습니다! 드디어 그 굳게 닫혔던 길이 열리는 역사적인 순간이었습니다.

승리의 방정식:
협상과 법리라는 두 열쇠

진입로 시작점의 '첫 필지 소유주'분과의 극적인 협상 타결! 저는 마침내 그분의 소중한 '토지사용승낙'을 약속받는 정식 계약서에 도장을 찍었습니다. 이제 이론적으로는 이 토지사용승낙서를 첨부해 시청에 제출하면 개발행위허가의 가장 큰 걸림돌이었던 '도로 문제'를 해결하고 다음 단계로 나아갈 수 있을 터였습니다. 세상을 다 얻은 듯한 기쁨과 함께 잠시 안도의 한숨을 내쉴 수도 있었습니다.

하지만 저는 거기에 만족하거나 안주할 생각이 없었습니다. 과거 광주의 쓰라린 경험은 제게 '모든 일이 끝날 때까지는 결코 끝난 게 아니다.'라는 값비싼 교훈을 주었고 담당 공무원의 말 한마디나 법규 해석의 미묘한 차이에 모든 계획이 순식간에 뒤집힐 수도 있다는 냉엄한 현실을 가르쳐주었기 때문입니다. 그래서 저는 어렵게 확보한 '토지사용승낙계약서'라는 확실한 카드 외에 만일의 사태에 대비할 더 강력하고 확실한 '법리적 카드'는 없을지 계속 탐색하고 고민했습니다. 어떻게든 이 지긋지긋한 맹지 문제를 누구도 감히 이의를 제기할 수 없을 만큼 완벽하고 합법적으로 마무리 짓고 싶었습니다.

저는 다시 관련된 법규와 과거 유사 사례 판례, 다양한 행정 해석 사례를 밤낮으로 파고들었습니다. 특히 저를 그토록 괴롭혔던 진입로 문제의 또 다른 당사자인 가운데 토지주 아주머니의 '태양광 발전소 허가' 사례에 다시 주목했습니다. 그분은 과연 어떤 방법으로 허가를 받았을까요? 그분 땅으로 가는 진입로 역시 법적으로 완벽한 조건을 갖추지는 않았을 텐데 말입니다.

그리고 마침내 끈질긴 조사와 연구 끝에 저는 이 상황을 돌파할 결정적인 법리 해석의 실마리를 찾아냈습니다. 바로 "이미 해당 토지 인근에서 적법한 개발행위허가(문제의 태양광 발전소 허가 등)를 받아 시설이 들어서 있고 그 시설로 통하는 기존 도로가 있다면, 설령 그 도로가 현재 비포장 상태이거나 법정 도로 폭에 미치지 못하더라도 이는 이미 현실적으로 사용되는 '현황도로'로써 다음 개발 행위(저의 임야 개발)를 위한 진입로로 인정될 수 있다"는 매우 중요한 논리였습니다. 특히 그 길이 여러 필지를 거쳐 오랫동안 마을 안길이나 농로 형태로 사용되었다면 더욱 그러했습니다.

저희 땅으로 들어오는 길이 바로 그 모든 조건에 완벽하게 부합했습니다. '바로 이거다!' 저는 유레카를 외친 아르키메데스처럼 무릎을 탁 쳤습니다. 만약 이 논리가 사실이라면 저는 더는 특정 토지주의 '토지사용승낙서'에만 전적으로 의존할 필요조차 없게 되는 것이었습니다. 이 길은 이미 법적으로도 통행 및 개발을 위한 '현황도로' 지위를 인정받을 수 있다는 강력한 주장을 펼칠 수 있게 된 것입니다.

바로 그때 제게 또 한 번의 결정적인 행운이 찾아왔습니다. 그동안 저를 그토록 힘들게 한 완고한 담당 공무원이 다른 부서로 발령 나고 그 자리에 새로운 담당자가 부임한 것입니다. 저는 이것이야말로 하늘이 준 절호의 기회라고 생각했습니다.

  저는 새로 부임한 담당 공무원을 지체 없이 찾아갔습니다. 그리고 이전처럼 '임업인 주택 허가'나 '토지사용승낙서 확보' 같은 이야기를 먼저 꺼내는 대신 제가 새롭게 찾아낸 강력한 '현황도로' 논리를 자신 있게 전면에 내세웠습니다.

  "담당자님, 저희 땅으로 통하는 이 진입로는 바로 옆 필지 태양광 발전소 허가 당시 이미 관계 법령에 따른 개발 행위를 위한 도로로 사실상 사용 승인된 것이나 마찬가지입니다. 관련 판례와 법리 해석에 따르면 이는 명백한 '현황도로'에 해당하므로 저희 부지 개발행위허가를 위한 진입로로 충분히 인정되어야 한다고 생각합니다."

  저는 그동안 철저히 준비하고 모은 모든 객관적인 자료(옆 필지 태양광 발전소 허가 정황 증거, 현황도로 인정 관련 판례 및 법리 해석 자료 등)를 함께 제출하며 제 주장을 논리적으로 뒷받침했습니다. 새로운 담당자는 이전 담당자와 달리 제 설명과 제출 자료를 매우 꼼꼼하고 신중하게 검토했습니다.

  그리고 며칠 후 마침내 그토록 기다리던 연락이 왔습니다.

"선생님께서 제출해주신 자료와 현장 상황을 종합 검토한 결과, 해당 도로는 현황도로로 충분히 인정 가능하며 이를 통해 개발행위허가가 진행이 가능할 것으로 판단됩니다."

드디어! 그 지긋지긋한 맹지의 족쇄가 완전히 풀리는 역사적인 순간이었습니다! 어렵게 확보한 초입 토지주와의 '토지사용승낙 계약'이라는 든든한 안전장치에 더해 '현황도로 인정'이라는 더 확실하고 강력한 법적 카드까지 얻으면서, 저는 마침내 '토지사용승낙서 없이도' 그토록 원했던 '주택개발행위허가'를 받을 길을 활짝 열게 된 것입니다.

저는 이 과정을 통해 다시 한번 절실히 깨달았습니다. 결코 포기하지 않고 끊임없이 새로운 길을 찾으려는 '끈기', 그리고 절망적인 위기 속에서 새로운 가능성을 발견하고 현실로 만드는 '요령'이야말로 어떤 어려움도 극복할 수 있는 가장 강력한 성공의 무기라는 것을 말입니다.

한 줄기 빛 너머의 어둠:
도로 규격과 대출 장벽

담당 공무원의 '현황도로 인정' 및 '개발행위허가 가능' 답변은 칠흑 같던 어둠 속 한 줄기 밝은 빛과 같았습니다. 저는 잠시 모든 문제가 해결된 듯한 벅찬 희망에 부풀었습니다. 이제 이 '현황도로 인정'을 근거로 추가 대출을 받아 급한 자금 문제를 해결하고 '펫 마운틴 여주점'의 부족한 시설도 보강해 사업을 안정시킬 수 있으리라는 기대감이 컸습니다.

하지만 제가 진정으로 꿈꾸는 최종 목표, 즉 '세컨드하우스 단지 조성 및 분양'을 위한 구체적인 인허가 조건을 다시 꼼꼼히 확인하는 과정에서 저는 또 다른 거대하고 현실적인 벽과 마주해야 했습니다.

저희가 어렵게 '현황도로'로 인정받은 길, 즉 아직 포장되지 않은 기존 농로는 기본적인 차량 통행이나 산림경영관리사 건축 같은 최소한의 임업 관련 개발은 가능하게 해주었습니다. 하지만 제가 궁극적으로 계획하는 '여러 가구의 주택 단지'를 조성하고 합법적으로 분양하는 데 필요한 법정도로 기준에는 턱없이 미치지 못했습니다.

일반적으로 여러 가구로 구성된 주택 단지를 개발하고 분양하려면 최소한 차량 두 대가 원활하게 비켜갈 수 있는 폭(통상 최소 4미터에서 6미터 이상)을 가진 포장 진입도로가 필수적으로 확보되어야 합니다. 그리고 이런 도로 기준을 충족하기 위한 인허가 절차 역시 훨씬 복잡하고 까다로웠습니다. 지금 저희가 확보한 '현황도로 인정'과 그에 따른 제한적인 개발 허가 상태로는 기껏해야 아주 오랜 시간을 두고 한두 채의 집을 순차적으로 짓는 정도만 가능했습니다. 제가 구상했던 '수익성 있는 세컨드하우스 단지 동시 분양'이라는 사업 모델과는 너무나 큰 거리가 있었습니다.

더 큰 문제는 당장 시급했던 '추가 자금 조달' 문제였습니다. 저는 '현황도로 인정'으로 사업 안정성을 어느 정도 확보했다고 생각했지만 금융기관(은행)의 시각은 냉정하고 현실적이었습니다. 현재처럼 '포장되지 않은 현황도로'에 기반한 불완전하고 제한적인 개발 허가 상태로는 제가 원하는 만큼 충분한 대출을 받기가 거의 불가능했습니다. 설령 대출이 일부 가능하더라도 대출 가능액 자체가 매우 적고 일반적인 경우보다 훨씬 높은 금리가 적용되거나 심지어 개인 신용도에까지 부정적인 영향을 미칠 수 있다는 것이 은행 측 입장이었습니다. 자칫 배보다 배꼽이 더 커질 수도 있는 매우 위험한 상황을 감수해야 했습니다. 결국 저는 눈물을 머금고 추가 대출을 통한 자금 조달 계획을 잠정 '보류'할 수밖에 없었습니다.

결론은 명확했습니다. 현재 상황을 타개하고 제가 꿈꾸는 사업을 실현하려면 반드시 '진짜 길', 즉 여러 가구의 주택 단지 개발과 분양이 가능한 법적 기준을 충족하는 제대로 된 길을 열어야 했습니다. 제가 그토록 바라던 세컨드하우스 단지를 성공적으로 조성하고 안정적인 자금 조달로 사업을 확장하려면 어떻게든 '차량 두 대가 원활하게 왕복할 수 있는 넓고 반듯하게 포장된 도로'를 확보해야만 했습니다.

그리고 그 길을 확보할 유일한 현실적인 방법은 결국 다시 한번 '협상'이라는 어려운 관문을 통과하는 것뿐이었습니다. 이전에 한 번 쓰라린 실패를 경험했던 바로 그 길 말입니다. 하지만 이제 제게는 과거와 다른 무언가가, 더 강력하고 치밀한 전략이 필요했습니다.

저는 이제 오직 '넓고 제대로 된 도로 확보'라는 단 하나의 명확한 목표에 모든 생각과 노력을 집중하기로 했습니다. 이것이야말로 '펫 마운틴 여주 프로젝트' 전체의 성패를 가를, 그리고 제 더 큰 꿈을 향한 마지막 관문이 될지도 모르는 진짜 싸움의 시작이었습니다.

마지막 승부수:
6천만 원의 약속, 새로운 희망

어렵게 '현황도로 인정'이라는 값진 성과를 얻었지만 저는 거기에 만족하거나 안주할 수 없었습니다. 그것은 어디까지나 기본적인 차량 통행과 제한적인 개발을 가능하게 하는 최소한의 발판일 뿐, 제 최종 목표인 '세컨드하우스 단지 성공적인 분양'을 위해서는 반드시 차량 두 대가 원활하게 왕복할 수 있는 '폭 6미터 이상의 제대로 된 도로' 확보가 필수적이었습니다.

또한 언제 또 다른 민원이나 관계 법령의 행정 해석 변경으로 문제가 생길지 모르는 불안정한 '현황도로' 상태보다는, 도로로 쓰일 부분의 토지 소유권을 명확히 확보하거나 영구적인 사용권을 법적으로 보장받는 것이 장기적인 사업 안정성 면에서 훨씬 안전하고 확실한 길이었습니다. 결국 저는 다시 한번 문제 해결의 열쇠를 쥔 '초입 토지주' 어르신을 찾아가야만 했습니다.

이전 협상에서 그분이 제 파격적인 제안(1억 원 현금과 500평 토지 교환)을 받아들이시긴 했지만 이제 상황은 또 미묘하게 달라져 있었습니다. 제게는 '현황도로 인정'이라는 새로운 법적 카드가 생긴 반면, 어르신은 어쩌면 제가 더는 이전처럼 그분의 토지사용승낙에만 전적으로 목매지 않을 수도 있다는 사실을 인지하셨을지도 모릅니다. 하지만 저는 이 문제를 더 외면하거나 돌아갈 수 없다고 판단했고 이것이야말로 제가 꿈꾸는 '진짜 길'을 만들기 위한 마지막 정면 승부라고 생각했습니다.

저는 다시 그 어르신을 찾아뵙고 이번에는 제가 먼저 이전과 다른, 더 구체적이고 현실적인 새로운 제안을 조심스럽게 건넸습니다. 과거에 논의된 복잡한 토지 교환 조건 대신 깔끔하게 현금으로 모든 것을 해결하는 방안이었습니다.

"어르신, 제가 이전에 제안드린 내용(현금 1억 원과 토지

500평 교환)은 일단 없던 것으로 하고, 대신 앞으로 도로로 사용될 어르신 소유 땅(약 100평 규모)을 제가 정식으로 매입하거나 영구 사용권을 확보하는 조건으로 현금 5천만 원을 드리면 어떻겠습니까?"

저는 제가 최종적으로 꿈꾸는 '세컨드하우스 단지' 조성을 위해서는 왜 지금보다 더 넓고 제대로 된 도로가 반드시 필요한지, 그리고 제가 이 땅의 가치를 앞으로 어떻게 더 높여 나갈 것인지에 대해 다시 한번 진심을 담아 상세히 설명하며 설득했습니다.

그런데 놀랍게도 어르신은 제 새로운 제안을 비교적 큰 어려움 없이 받아들이셨습니다! 나중에 알고 보니 어르신께 마침 개인적으로 급하게 현금이 필요한 사정이 생기셨던 것입니다. 이 얼마나 기가 막힌 우연이자 제게는 다시없는 기회였을까요. 어르신은 잠시 고민하더니 이렇게 대답하셨습니다.

"허허, 젊은 사장. 내 개인적인 사정도 있고 하니… 그럼 이렇게 합시다. 총 현금 6천만 원으로 하고 대신 약속한 날짜까지 최대한 빨리 입금해주면 좋겠네."

'총 6천만 원!' 이전 제안이었던 현금 1억 원과 토지 500평 교환 조건과 비교하면 제게는 훨씬 유리하고 현실적인 조건이었습니다. 저는 단 한순간도 망설일 이유가 없었습니다. 비록 당장 제 수중에 그만한 거액의 현금이 없다는 것이 또 다른 문제였지만('산소호흡기' 신세는 여전했습니다!) 어떻게든 이 절호의 기회를 놓치지 않고 반드시 자금을 마련해야 했습니다.

"네, 어르신! 정말 감사합니다! 그렇게 하겠습니다! 약속하신 날짜까지 차질 없이 준비하겠습니다!"

저는 감사한 마음으로 어르신의 손을 굳게 잡았습니다. 이제 남은 것은 약속된 시간 안에 이전에 지급한 계약금 1천만 원을 제외한 나머지 5천만 원을 마련해 이 중요한 계약을 성공적으로 마무리 짓는 것이었습니다. 그리고 여전히 제 앞을 가로막는 또 하나의 높은 장벽, 완고한 가운데 토지주 아주머니와의 지긋지긋한 싸움도 아직 끝나지 않았습니다. 하지만 저는 마침내 그토록 염원하던 진짜 '길'을 열 가장 확실한 열쇠를 손에 쥔 듯 벅찬 기분이었습니다.

위기의 구원투수:
투자 유치와 역할 재정립

초입 토지주 어르신과의 극적인 합의로 총 현금 6천만 원에 도로 문제를 해결할 길이 열렸지만 '최대한 빠른 시일 내에 약속된 금액을 입금해야 한다'는 조건은 저를 다시 벼랑 끝으로 내몰았습니다. '산소호흡기'에 의지해 간신히 버티던 제게 당장 (계약금을 제외한) 5천만 원이라는 거액을 마련하는 것은 거의 불가능한 일이었습니다.

저는 깊은 고민에 빠졌습니다. 이 힘들고 험난한 길을 언제까지 저 혼자 모든 것을 짊어지고 갈 수 있을까 하는 근본적인 질문에 직면했습니다. 광주에서부터 시작된 이 길고 고된 여정, 그리고 저를 믿고 함께 해주는 친구와의 변치 않는 50대 50 수익 배분 약속… 현실적으로 제가 이 넓은 여주 땅의 모든 현장 운영과 관리를 처음부터 끝까지 직접 챙기는 것은 물리적으로도, 사업 효율성 면에서도 무리라는 판단이 들었습니다.

저의 진정한 강점은 현장의 세세한 관리가 아니라 더 큰 그림을 그리고 복잡한 문제를 창의적으로 해결하며 새로운 사업 기회를 만드는 데 있다고 생각했습니다. 저는 마침내 중요한 결심을 내렸습니다. 바로 '선택과 집중'이 필요하다는 것이었습니다. 저는 든든한 동업자 친구를 전적으로 신뢰하고 앞으로 '펫 마운틴 여주점'의 현장 운영과 관리에 관한 모든 책임을 그에게 완전히 맡기기로 했습니다. 그리고 저는 한 발 물러나 전체적인 사업 전략 수립과 장기 개발 계획, 그리고 무엇보다 시급한 자금 조달 같은 더 큰 그림에 모든 역량을 집중하기로 제 역할을 새롭게 재정립했습니다.

하지만 이 중요한 역할 재정립과 새로운 출발을 위해서는 당장 눈앞에 닥친 6천만 원의 자금 문제를 해결해야만 했습니다. 저는 마지막 희망을 걸고 동업자 친구와 그의 여자친구분께 조심스럽게 도움을 요청했습니다. 감사하게도 친구의 여자친구분은 오랜 기간 자신만의 개인 사업체를 매우 성공적으로 운영해온 분이었고 특히 부동산 경매를 비롯한 다양한 투자 분야에도 남다른 감각과 식견을 지닌 분이었습니다. 저는 그분이라면 당장의 위험성 너머에 숨은 이 여주 임야의 엄청난 잠재 가치를 분명히 알아봐 주실 것이라 굳게 믿었습니다.

저희가 처한 어려운 상황과 그럼에도 포기할 수 없는 간절한 비전, 그리고 이번 초입 토지주와의 극적인 협상이 앞으로의 사업 전개에 얼마나 중요한 의미를 갖는지 솔직하게 모든 것을 털어놓고 투자를 간곡히 부탁했습니다. 저와 친구가 그동안 맨땅에서부터 일궈온 작은 성과와 결코 포기하지 않는 끈기, 그리고 무엇보다 여주 임야가 가진 무한한 잠재력을 높이 평가해주신 그분은 깊은 고민 끝에 저희의 비전을 믿고 기꺼이 투자를 결정해주셨습니다.

마치 패색이 짙던 9회 말 2아웃의 위기 상황에 홀연히 등판해 경기의 흐름을 바꾸는 '구원 투수'처럼, 그분의 등장은 저희에게 새로운 희망과 용기를 안겨주었습니다. 이것은 단순히 일시적인 자금 지원을 넘어 장기적이고 굳건한 사업

파트너십으로 이어지는 매우 의미 있는 계약의 시작이었습니다. 저는 그분의 소중한 투자에 대한 최소한의 안전장치로 여주 땅 일부에 근저당을 설정해드리기로 약속했고, 그 대가로 그분은 이번 1차 투자와 더불어 추후 단계적인 추가 투자를 통해 최종적으로 여주 땅의 약 '2,000평'에 해당하는 지분을 확보하기로 합의했습니다(그리고 이 중요한 약속과 계약은 감사하게도 현재까지 변함없이 유효하게 이어지고 있습니다).

그분의 결정적인 첫 투자금 덕분에 저는 마침내 초입 토지주 어르신께 약속한 6천만 원의 토지 사용료를 모두 완납하고 계약을 완전히 마무리 지을 수 있었습니다. 그리고 동시에 자금 부족으로 미뤄왔던 일부 필수 시설 공사 비용 등 당장 급했던 불을 끌 수 있게 되었습니다. 드디어 목에 걸렸던 '산소호흡기'를 떼고 제대로 편안한 숨을 쉴 수 있게 된 것입니다.

저는 이 모든 과정을 통해 다시 한번, '간절히 원하고 노력하면 돈이 없어도 반드시 기회는 만들어진다'는 소중한 진리를 확인했습니다. 제가 가진 것이 비록 당장의 현금은 아니었지만 제게는 첫째, 경매로 남보다 훨씬 저렴하게 확보한 이 땅 자체가 가진 엄청난 잠재력이라는 자산이 있었고, 둘째, 맹지를 풀고 그 가치를 현실로 만들 수 있다는 저의 '능력'에 대한 객관적인 증명(개발행위허가 일부 확보 등)이 있었으며, 셋째, 이 모든 것을 믿고 지지해주는 소중한 '사람들'(동업자 친구와 그의 여자친구)이 곁에 있었습니다.

이것이 바로 저만이 가질 수 있었던 강력한 '레버리지'였습니다. 또한 투자자에게는 근저당 설정이라는 확실한 '안전장치'와 사업 지분 참여를 통한 '이익 공유'라는 매력적인 조건을 함께 제공하는 '윈윈(Win-Win)' 구조를 제시했기에 이처럼 어렵고 불확실해 보였던 투자가 성공적으로 성사될 수 있었습니다.

만약 제가 투자했던 대상이 평범한 아파트나 작은 토지였다면 이렇게 단기간에 땅의 가치를 극적으로 높이고 이를 바탕으로 새로운 투자를 유치하는 식의 레버리지 활용은 거의 불가능했을 것입니다. 바로 넓고 저평가된 '임야'였기에 맹지를 풀고 개발하는 과정 자체가 엄청난 부가 가치를 창출하고 그것이 다시 새로운 투자를 유치하는 아름다운 선순환 구조를 만들어낼 수 있었습니다. 이것이 바로 제가 그토록 임야 투자에 주목하고 끊임없이 도전하는 핵심 이유 중 하나입니다.

저는 이제 제 비전을 믿고 함께하는 든든한 투자 파트너까지 얻었습니다. 사업 내 역할 분담 또한 더 명확해졌습니다. 저는 이제 여주 현장의 자잘하고 일상적인 운영보다 이 땅의 본질적인 가치를 극대화하고 제 최종 목표인 '세컨드하우스 단지 조성'이라는 더 큰 그림을 성공적으로 실현하기 위한 핵심 전략 수립과 실행에 모든 에너지를 집중할 수 있게 되었습니다.

1. 준보전산지 산지전용 시 현황도로를 진입도로로 사용이 가능한가요?

Q 준보전산지의 산지전용시 진입로가 현황도로라면 어떤 법에 적용을 받나요?
준보전산지의 진입로가 현황도로(사유지) 일때 현황도로의 사용승낙서를 받아야 한다는 규정이 산지관리법상 명확하게 규정이 되어 있는지 알고 싶습니다.

A 「산지관리법」 제14조 및 동법 시행규칙 제10조제2항제3호에서 산지전용을 하고자 하는 자는 산지의 소유권 또는 사용·수익권을 증명할 수 있는 서류를 첨부하도록 규정하고 있습니다.

아울러, 산지관리법상 현황도로에 대하여는 별도로 규정하고 있는 사항은 없으나, 현황도로란 지목에 상관없이 현재 도로로 이용되는 것이라 할 수 있을 것입니다.

따라서 현황도로로 볼 것인지 여부는 이용상태, 현황, 현지여건 등을 종합적으로 감안하여야 할 것이나, 현황도로로 인정되는 경우에는 동 도로의 사용은 도로소유자와 이용자의 사인간의 문제에 해당되어 동 도로를 이용하는 산지전용 시에는 사용·수익권을 증명하는 서류(사용동의서)가 필요하지 않을 것입니다.

다만, 산지관리법상 준보전산지에서는 현황도로도 현지여건 등을 감안하여 진입도로로 인정되나 보전산지에서는 도로법에 의한 도로, 사도법에 의한 사도 등 「건축법」 제2조제1항제11호의 도로만 진입도로로 인정됩니다.

● 담당부서 : 산림청 산림이용국 산지관리과 (042-481-4126)

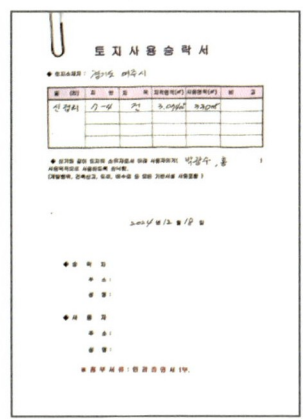

길 없는 산에서 100억 가치를 찾다

7부

멈추지 않는 도전, 100억 자산가를 향한 현재와 미래

안주하지 않는 영혼과 '10배의 법칙'

솔직히 말씀드리면 아마 보통의 사람은 이 정도 선에서 만족하고 잠시 멈추어 숨을 골랐을지도 모릅니다. 이미 법적인 진입로(현황도로)를 확보하여 기본적인 개발 허가를 받아냈고 맹지라는 가장 큰 족쇄도 사실상 풀린 상태였습니다. 그리고 감사하게도 새로운 투자 유치를 통해 급한 자금 문제까지 해결하여 당장은 임업인 주택을 중심으로 천천히 땅을 개발해가며 사업을 안정화시킬 수도 있는 상황이었습니다. 혹은 기존의 '펫 마운틴' 모델을 더욱 발전시켜 일부 캠핑족을 대상으로 토지를 분양하거나 저희 임야의 청정 자연환경을 활용하여 반려견과 견주의 건강을 위한 고급 임산물이나 농산물을 재배하여 판매하고(임야는 일부 개간하여 농지로 활용하는 것도 가능하니까요!), 더 나아가 체험 공간을 결합한 6차 산업 모델만으로도 충분히 매력적이고 괜찮은 사업을 만들어갈 수 있었을 것입니다. 어쩌면 이 정도의 성과만으로도 많은 사람이 저에게 박수를 보내며 '성공했다'고 이야기했을지도 모릅니다.

하지만 저는 결코 여기서 멈출 수가 없었습니다. 제 가슴 속에는 여전히 현재의 작은 성공에 만족하지 않는 훨씬 더 크고 원대한 꿈과 야망이 마치 꺼지지 않는 불꽃처럼 활활 타오르고 있었기 때문입니다.

저에게 또 다른 깊은 영감과 영향을 준 책 한 권이 있습니다. 바로 그랜트 카돈의 저서 『10배의 법칙(The 10X Rule)』이라는 책입니다. 이 책에서 저자가 전달하는 핵심 메시지는 단순하지만 실로 강력합니다. 그것은 바로 '우리가 설정하는 목표의 크기가 우리의 생각과 행동 그리고 결과의 수준을 결정한다'는 것입니다. 평범한 목표 대신 현재 능력보다 10배 더 큰 목표를 설정하고 그것을 향해 나아가면 우리의 생각의 스케일 자체가 완전히 확장되기 때문에 당면한 문제를 바라보는 관점과 그것을 해결하는 방식 그리고 우리가 동원하는 에너지의 수준까지도 완전히 달라진다는 것입니다. 예를 들어 10억 원을 목표로 하는 사람과 100억 원을 목표로 하는 사람의 구체적인 행동 계획과 실행력은 결코 같을 수가 없습니다.

저는 과거 스노보드 선수 시절의 경험을 통해 이 '10배의 법칙'이 가진 엄청난 힘을 이미 온몸으로 체감했기에 이 책의 메시지를 전적으로 신뢰하고 받아들였습니다. 제가 처음 스노보드를 시작했을 때부터 그저 '동호회 수준'에서 즐기는 것이 아니라 '프로 선수' 그리고 더 나아가 '국가대표'라는 당시 저의 능력으로는 상상하기 어려운 10배 아니 그 이상의 목표를 세웠기에 다른 사람들이 불가능하다고 말하는 수많은 한계에 끊임없이 도전하고 결국 그 꿈을 현실로 이루어낼 수 있었던 것입니다. 돌이켜보면 저는 이 '10배의 법칙'이라는 책을 읽기 이전부터 어쩌면 본능적으로 제 삶의 중요한 순간마다 이 원칙을 적용하며 살아왔는지도 모릅니다. 스노보드 프로 선수의 꿈을 키워 마침내 이루어냈고 저의 첫 번째 본격적인 임야 투자 역시 고작 몇백 평의 작은 땅이 아니라 단번에 1만 평이 훌쩍 넘는 거대한 땅에 도전했던 것처럼 말입니다. 저는 이미 제 삶 속에서 이 '10배의 법칙'을 알게 모르게 실천하며 그 위력을 경험하고 있었던 것입니다.

그리고 지금 이 순간 여주 땅 앞에서 저는 또다시 현실에 안주하기보다는 10배 더 큰 목표를 향해 나아가야 할 때라고 굳게 마음먹었습니다. 기본적인 법적 통행로를 확보했다고 해서 그리고 당장의 급한 자금 위기를 넘겼다고 해서 여기서 멈춘다면 저는 결국 또 다른 '현실적인 제약'이라는 보이지 않는 벽 안에서 그저 그런 평범한 사업가로 남게 될 뿐이라는 것을 잘 알고 있었습니다. 저의 최종적인 목표는 단순히 '펫 마운틴'의 성공적인 사장이 되는 것이 아니라 이 여주 땅이 가진 본질적인 가치를 10배 아니 그 이상으로 키워내어 '세컨드하우스 단지 분양'이라는 혁신적인 시스템을 완성하고 이를 통해 진정한 '경제적 자유'를 획득하며 동시에 더 많은 사람에게 특별한 '가치'를 제공하는 꿈을 실현하는 것이었습니다.

저는 다시 한번 마음을 다잡았습니다. 앞으로 다가올 새로운 도전들을 성장의 발판이자 더 큰 기회로 만들겠다고 말입니다. 그리고 저의 가장 강력한 무기인 '끈기'(단순히 어려움을 참고 버티는 것이 아니라, 결코 포기하지 않고 끊임없이 새로운 대안과 창의적인 길을 찾아 나서는 적극적인 노력!)를 다시 한번 발휘하기로 했습니다. 저는 이 '10배의 법칙'이라는 강력한 마인드셋과 지난 모든 경험을 통해 얻은 지혜 그리고 저만의 끈기를 가지고 이제 '세컨드하우스 단지'라는 원대한 꿈을 실현하기 위한 진짜 '개발행위허가'와 '폭 6미터 이상의 완벽한 도로 확보'라는 더욱 높고 험난한 산을 향해 다시 한번 용감하게 전진하기로 굳게 결심했습니다.

더 높은 정상으로:
6미터 도로라는 새 도전

 '현황도로 인정'을 통해 기본적인 개발행위허가를 확보한 것은 분명 길고 어두웠던 터널의 끝에서 마침내 만난 한 줄기 희망의 빛과 같았습니다. 그토록 저를 괴롭혔던 지긋지긋한 맹지의 족쇄가 풀렸고 법적으로 제 땅 위에서 무언가를 합법적으로 시작할 수 있는 길이 열린 것입니다. 아마 평범한 사람이었다면 혹은 과거의 경험이 부족했던 저였다면 이 정도의 성과를 발판 삼아 현재 운영 중인 '펫 마운틴' 시설을 더욱 확장하고 안정적인 사업 운영에 집중하며 만족했을지도 모릅니다. 그것만으로도 충분히 의미 있는 성과였고 어쩌면 현실적으로 가장 안전하고 합리적인 길처럼 보였을 수도 있습니다.

하지만 저는 스스로 '보통 사람'의 한계 안에 머무르기를 거부했습니다. 제 가슴속에는 여전히 그 어떤 어려움 앞에서도 결코 작아지지 않는 '10배의 법칙'이 살아 숨 쉬고 있었기 때문입니다. 저는 단순히 현재의 어려움을 극복하고 생존하거나 안정적인 수익을 창출하는 것에 만족할 수 없었습니다. 저의 궁극적인 최종 목표는 '세컨드하우스 단지 분양'이라는 혁신적인 시스템을 통해 이 여주 땅의 잠재적 가치를 극대화하고 이를 통해 더 많은 사람에게 특별하고 차별화된 가치를 제공하는 꿈을 현실로 만드는 것이었습니다. 그리고 그 원대한 꿈을 이루기 위해서는 지금 어렵게 확보한 '현황도로'와 그에 따른 '기본적인 개발 허가'만으로는 턱없이 부족하다는 사실을 저는 누구보다 명확하게 알고 있었습니다.

제대로 된 세컨드하우스 단지를 조성하고 성공적으로 분양하기 위해서는 최소한 차량 두 대가 안전하고 원활하게 서로 비켜갈 수 있는 '폭 6미터 이상의 제대로 포장된 도로'를 확보하는 것이 필수적이었습니다. 이것은 단순히 이용객의 편의를 위한 문제를 넘어 더 높은 수준의 복합적인 개발 행위허가를 받기 위한 법적, 현실적인 선결 조건이었으며 향후 원활한 분양 및 단지 운영의 성패를 가늠하는 핵심적인 요소였습니다. 또한 이처럼 명확하고 합법적인 도로 문제를 완벽하게 해결해야만 해당 부동산의 가치를 제대로 인정받아 사업 확장에 필요한 추가적인 금융 지원(대출)을 원활하게 이끌어내는 것도 가능했습니다.

저는 다시 한번 중요한 선택의 기로에 섰습니다. 현재 확보한 최소한의 '안정적인 현재'에 머무를 것인가 아니면 모든 것이 불확실하지만 훨씬 더 위대한 '미래의 가능성'을 위해 또다시 험난한 가시밭길로 용감하게 나아갈 것인가? 저의 대답은 이미 정해져 있었습니다. 저는 주저 없이 후자를 선택했습니다. 저의 모든 에너지와 자원을 바로 이 '폭 6미터 도로 확보'라는 새롭고도 중대한 과제에 집중하기로 굳게 결심했습니다. 이것은 또 하나의 거대하고 험난한 도전이었지만 제가 설정한 '10배의 목표'를 향해 나아가기 위해서는 반드시 넘어야만 하는 필수적인 산이었습니다.

저는 다시 한번 책상 위에 여주 임야의 지적도와 주변 토지 현황도를 펼쳐놓고 주변 토지주와의 기존 관계 및 협상 가능성 등을 면밀히 복기하며 '어떻게 하면 가장 효과적이고 확실하게 폭 6미터 이상의 도로를 확보할 수 있을까?'에 대한 최적의 전략을 짜기 시작했습니다. 다행히 지금의 저에게는 과거 맨땅에 헤딩하던 시절과는 다른 강력한 무기들이 있었습니다. 어렵게 얻어낸 '현황도로 인정'이라는 법적 지위 그리고 무엇보다 중요한 초입 토지주 어르신과의 성공적인 협상 타결 경험 그리고 지난 광주에서부터 지금에 이르기까지 수없이 반복하며 쌓아온 값진 실패와 성공의 모든 경험이었습니다. 저는 이 모든 것을 저의 소중한 자산이자 무기 삼아 또 다른 새로운 싸움을 철저하게 준비하고 있었습니다.

돌아가는 듯 가장 빠른 길
(6미터 도로 확보!)

제 가슴속에 깊이 새겨진 '10배의 법칙'은 저에게 더 이상 현재의 작은 성과에 안주하며 머뭇거릴 시간을 허락하지 않았습니다. 저의 최종 목표인 '세컨드하우스 단지 분양'이라는 원대한 꿈을 이루기 위해서는 반드시 차량 두 대가 원활하게 왕복할 수 있는 '폭 6미터 이상의 제대로 된 도로' 확보가 필수적이었습니다. 그래서 저는 이전의 완고한 토지주 아주머니와의 소모적이고 불확실한 정면승부 대신, 그녀의 땅을 거치지 않고 저희 땅으로 들어올 수 있는 새로운 '우회로'를 통해 이 어려운 문제를 해결하기로 과감히 결심했습니다.

지도 위에서 제가 발견한 새로운 가능성의 루트는 문제의 그 아주머니 땅 바로 옆에 위치한 첫 번째 필지와 그리고 그 옆에 연이어 있는 두 번째, 세 번째 필지 이렇게 총 세 개의 다른 필지를 차례로 거쳐 저희 땅으로 들어오는 길이었습니다. 저는 먼저 첫 번째 목표로 아주머니의 바로 옆 필지 소유주분을 찾아갔습니다. 다행히도 그분께서는 비교적 합리적이고 열린 마음을 가진 분이셨고, 저는 과거 광주에서의 쓰라린 경험을 교훈 삼아 처음부터 끝까지 신중하고 진정성 있는 자세로 협상에 임했습니다. 저의 구체적인 사업 비전과 이 계획이 성공적으로 실현될 경우 이 지역 전체의 가치가 함께 동반 상승할 수 있다는 점을 진심을 담아 설명드리며 그분의 마음을 얻기 위해 노력했습니다. 동시에 저는 협상의 가장 기본적인 원칙 즉 '내가 원하는 것을 얻기 위해서는 상대방에게 그 이상의 만족이나 가치를 제공해야 한다'는 점을 항상 염두에 두었습니다. (이전 장에서 잠시 언급 드렸듯이 부동산 경매를 통해 상대적으로 저렴하게 땅을 확보했다는 사실은 이러한 협상 과정에서 제가 다른 사람보다 더 많은 것을 양보하고 제시할 수 있는 일종의 '실탄'과 같은 역할을 해주었습니다.)

저는 그분께 다음과 같은 파격적인 제안을 드렸습니다. "사장님께서 도로로 사용될 약 100평 정도의 땅만 저희가 사용할 수 있도록 협조해주신다면 그에 대한 보답으로 제가 소유한 여주 땅 중에서 사장님께서 원하시는 곳으로 약 600평을 드리겠습니다." 무려 6배에 달하는 면적을 교환하는 조건이었습니다! 제 파격적인 제안에 그분께서는 잠시 놀라는 듯했지만 결국 저의 진정성과 사업의 가능성을 믿고 흔쾌히 합의해주셨습니다. 역시 모든 협상에서는 내가 가진 패를 정확히 알고 그것을 상대방에게 가장 효과적으로 전달하고 활용하는 '요령'이 반드시 필요하다는 것을 다시 한번 깨달았습니다. 이렇게 첫 번째 관문은 예상보다 훨씬 수월하게 통과할 수 있었습니다.

이제 남은 것은 두 번째, 세 번째 필지 소유주분과의 협상이었습니다. 그런데 여기서 예상치 못한 난관에 부딪혔습니다. 그분들께서는 처음부터 길을 내어주는 대가로 상당한 금액의 현금 보상을 원하셨습니다. 하지만 저는 결코 포기하지 않았습니다. 저는 충분한 시간을 가지고 끈기 있게 그분을 설득해나갔습니다. 저의 사업 계획이 단순히 저 개인의 이익만을 추구하는 것이 아니라 이 지역 전체에 어떤 긍정적인 영향을 미칠 수 있는지 그리고 도로가 새롭게 열림으로써 그분의 땅 가치 또한 자연스럽게 함께 상승할 수 있다는 점 등을 '이치에 맞는' 논리와 구체적인 근거를 들어가며 차분히 설명드렸습니다. 결코 쉽지 않은 과정이었고 그분들의 마음을 돌리는 데는 생각보다 꽤 오랜 시간이 걸렸습니다. 하지만 결국 저의 진심 어린 설득과 합리적인 논리가 통했는지 그분들께서는 최종적으로 별도의 직접적인 금전적 보상 없이도 도로 개설에 필요한 모든 협조를 해주시기로 약속해주셨습니다!

드디어! 몇 번의 성공적인 협상을 통해 저는 최종 목표 달성에 반드시 필요했던 '폭 6미터 이상의 진입로'를 확보하는 데 필요한 모든 법적 합의를 이끌어낼 수 있었습니다! 그리고 저는 곧바로 다음 후속 조치에 들어갔습니다. 세 분의 토지주를 다시 정중히 찾아뵙고 저희가 서로 합의한 내용(토지 교환 조건 및 도로 사용 약정 등)을 명확하게 명시한 정식 계약서와 토지사용승낙서에 각각 소중한 인감도장을 받았습니다. 그리고 그 인감도장이 실제 관공서에 등록된 도장임을 증명하는 인감증명서까지 꼼꼼하게 챙기는 것도 잊지 않았습니다. 이처럼 철저하게 준비된 서류야말로 저의 합법적인 권리를 법적으로 완벽하게 보장해주고 향후 본격적인 개발행위허가를 신청할 때 반드시 필요한 핵심적인 증빙 자료가 될 것이었습니다. 이제 그 누구도 제가 이 길을 정당하게 사용하는 것에 대해 더 이상 이의를 제기할 수 없게 된 것입니다.

저는 그렇게 돌아가는 길처럼 보였지만 오히려 가장 확실하고 빠른 길이었던 이 '우회로'를 통해, 마침내 '폭 6미터 이상의 완벽한 도로'라는 강력한 무기를 법적으로도 현실적으로도 완벽하게 손에 쥐게 되었습니다. 이제 정말 꿈에 그리던 '세컨드하우스 단지' 조성을 위한 본격적인 '개발행위허가'라는 마지막 관문을 향해 힘차게 나아갈 모든 준비를 마친 것입니다!

성장을 증명할
마지막 시험대

 그 길고 길었던, 때로는 끝이 보이지 않을 것만 같았던 싸움 끝에 기존 현황도로로 허가신청을 했던 그토록 염원하던 '주택 개발행위허가'를 손에 쥘 수 있었습니다! 어렵게 확보한 현황도로 인정을 통해 얻어낸 이 소중한 허가는 단순히 제 땅 위에 집 한 채를 지을 수 있게 되었다는 표면적인 의미를 훨씬 뛰어넘는 것이었습니다. 이것은 지난 수년간 제가 쏟아부었던 모든 피와 땀, 꺾이지 않았던 끈기, 그리고 위기 속에서 길을 찾아냈던 빛나는 '요령'들이 함께 만들어 낸 값진 결실이었습니다. 그리고 무엇보다, 저의 최종 목표인 '세컨드하우스 단지 조성'이라는 원대한 꿈을 향한 첫 번째 문을 활짝 열어젖힌 것이나 다름없었습니다.

  개발행위허가와 동시에 또 다른 부수적인 기쁨도 함께 찾아왔습니다. 드디어 저희 여주 땅 주소에서 오랫동안 따라다녔던 '산 ㅇㅇ번지'라는 꼬리표를 떼고, 번듯한 정식 도로명 주소를 부여받게 된 것입니다! 또한 제가 계획했던 세컨드하우스의 첫 번째 샘플 모델을 지을 약 180평 규모의 부지도 법적으로 깔끔하게 분할되었습니다. 이제 정말 모든 법적·행정적인 토대는 완벽하게 마련된 셈이었습니다. 저와 제 친구는 벅찬 감격 속에서 기초 토목 공사를 위한 역사적인 첫 삽을 떴습니다. 포크레인이 묵직한 소리를 내며 땅을 고르고, 새로운 집터가 반듯하게 다져지는 모습을 바라보며 저희는 다시 한번 뜨거운 희망에 부풀어 올랐습니다. 드디어 이 척박했던 땅 위에 저희의 꿈을 구체적인 형태로 하나하나 쌓아 올릴 수 있게 된 것입니다!

  하지만 임야 개발의 현실은 결코 그렇게 호락호락하지 않았습니다. 제가 이 책을 통해 여러 번 강조했듯이 임야 개발 과정에서 '민원'은 마치 그림자처럼 끈질기게 따라다니는 숙명과도 같은 존재입니다. 아마도 이전의 평범한 방식의 민원으로는 더 이상 저의 합법적인 개발 진행을 막을 수 없다고 판단했는지 이번에는 이전과는 비교할 수 없을 정도로 훨씬 더 강력하고 위협적인 카드가 저에게 날아들었습니다. 바로 '국민신문고'를 통한 정식 민원이었습니다!

(독자 여러분의 이해를 돕기 위해 잠시 부연 설명을 드리자면, 국민신문고는 일반적인 민원 창구와는 달리 정부에 직접 민원을 제기하는 공식적인 온라인 시스템입니다. 따라서 이곳에 접수된 민원은 통상적인 민원보다 훨씬 더 엄격하고 신속하며 강력하게 처리되는 경향이 있습니다. 특히 익명성이 보장되는 개인이 아닌 '실명 단체 민원'의 형태로 접수될 경우 혹은 특정 개발 사업을 의도적으로 막으려는 일부 사람들이 가장 효과적으로 활용하는 수단 중 하나이기도 합니다.)

누가 어떤 구체적인 의도를 가지고 국민신문고에까지 민원을 넣었는지는 정확히 알 수 없었습니다. 하지만 중요한 것은 이 국민신문고 민원으로 인해 이번에는 일반적인 행정 담당 공무원이 아닌 훨씬 더 전문적이고 강력한 권한을 가진 '특별사법경찰관'이 직접 현장 조사에 나오게 되었다는 충격적인 사실이었습니다!

  (잠깐! '특별사법경찰관'이란 무엇일까요? 흔히 '특사경'이라고도 불리는데, 이는 경찰이나 검찰의 수사 인력이 부족한 전문 분야(산림 보호, 환경, 식품위생, 노동 등)에서, 해당 분야의 전문성을 가진 행정 공무원에게 제한적인 범위 내에서 사법경찰관리의 직무(수사권, 현장 단속권 등)를 부여하여 검사의 지휘하에 관련 위법 행위에 대한 수사 업무를 담당하게 하는 제도입니다. 정식 경찰관은 아니지만 해당 전문 분야에서는 경찰과 거의 유사한 강력한 권한을 가지고 위법 행위를 조사하고 단속할 수 있는 어찌 보면 사업자 입장에서는 매우 무섭고 부담스러운 존재인 셈입니다!)

  특별사법경찰관의 등장은 분명 이전과는 전혀 다른 차원의 심리적 압박감을 안겨주었습니다. 하지만 저는 더 이상 과거처럼 쉽게 당황하거나 감정적으로 분노하지 않았습니다. 오히려 제 마음속으로는 '결국 올 것이 왔구나.' 하는 어느 정도 예상했던 일이라는 생각마저 들었습니다. 왜냐고요? 저는 이미 만일의 사태에 대비하여 모든 법적, 행정적 준비를 철저하게 마쳐놓았기 때문입니다! 저는 그동안 진행

해왔던 모든 인허가 관련 서류, 구체적인 개발 계획 도면 그리고 모든 절차가 합법적으로 진행되었음을 증명할 수 있는 근거 자료를 이미 빠짐없이 준비해두고 있었습니다. 비록 저를 조사하러 온 상대는 이전보다 훨씬 더 강력해졌지만 저 역시 과거와는 비교할 수 없을 정도로 내적으로 더욱 단단해져 있었습니다. 저는 제 자신과 제가 걸어온 길에 대해 한 점 부끄럼 없이 떳떳했고 그래서 조금도 위축되지 않고 자신감이 넘쳤습니다. 이제 이 마지막 시험대를 슬기롭고 당당하게 헤쳐나갈 일만 남은 것입니다.

국민신문고 민원이라는 강력한 한 방은 결국 '특별사법경찰관'(이하 '특사경'으로 칭하겠습니다)의 현장 등장을 불러왔습니다. 비록 정식 경찰복을 입고 있지는 않았지만 그의 날카로운 눈빛과 단호한 태도에서는 일반 행정 공무원과는 분명히 다른 종류의 무게감과 수사기관 특유의 권위가 느껴졌습니다. 저는 미리 준비해둔 모든 관련 서류(산림경영계획 인가서, 개발행위허가서, 작업 신고서 등)를 가지고 차분하게 그를 맞이했습니다. 하지만 저의 기대와는 달리 그의 첫마디는 이전의 다른 공무원과 크게 다르지 않았습니다.

아니 어쩌면 더욱 단호하고 위압적이었습니다. 그는 현장을 대강 한번 훑어보더니 마치 이미 결론을 내린 사람처럼 대뜸 이렇게 말했습니다. "여기는 임야이기 때문에 원칙적으로는 그 어떤 개발 행위도 해서는 안 되는 곳입니다. 저쪽에 보이는 텐트도 그렇고, 지금 사용하고 계신 전기도 그렇고 모두 문제가 될 수 있습니다."

'아…. 또 시작인가….' 저는 속으로 깊은 한숨을 내쉬었습니다. 이게 정말 믿기지 않으시겠지만 이것이 바로 대한민국에서 임업인이 실제로 겪고 있는 고충과 현장의 냉엄한 실체였습니다. 저는 애써 침착함을 유지하며 제가 정식으로 발급받은 모든 허가 관련 서류를 하나하나 제시하고 현재 진행 중인 모든 작업이 합법적인 절차와 규정 안에서 이루어지고 있음을 차분히 설명했습니다. 저의 논리적인 설명과 명확한 증빙 서류 앞에서는 그 특사경도 더 이상 함부로 트집을 잡기가 어려웠는지 이번에는 저희가 설치한 '데크' 시설을 문제 삼기 시작했습니다. 제가 땅의 훼손을 최소화하기 위해 자연 지형을 그대로 살려 나무들 사이에 기둥을 세우고 친환경적으로 만든 그 나무 데크들을 말입니다. "이 데크 시설은 정식으로 허가받은 시설물입니까? 제가 보기에는 산림경영에 반드시 필요한 시설로 보이지는 않는데요?"

저는 다시 한번 최대한 차분하고 정중한 태도로 설명드렸습니다. "이 데크 시설 역시 저희의 합법적인 산림경영 활동에 필요한 중요한 시설입니다. 예를 들어 이곳에서 수확한 임산물을 건조하거나 임시로 보관할 수 있는 작업 공간도 필요하고 저희 임야를 방문하여 임업 체험을 하시는 고객분들이 잠시 편안하게 쉬어가실 수 있는 쉼터의 역할도 합니다. 그리고 무엇보다 땅을 파헤치거나 자연을 훼손하는 것을 최소화하기 위해 일부러 지면에서 띄워 나무 위에 설치한 것입니다." 그리고 이렇게 덧붙였습니다. "제가 알기로는 현행 산지관리법상 이러한 데크 시설 설치 자체를 금지하는 명확한 규정은 없는 것으로 알고 있습니다. 혹시 제가 미처 알지 못하는 다른 관련 규정이 있다면 자세히 알려주시면 감사히 숙지하고 반드시 지키도록 하겠습니다."

하지만 그는 저의 설명을 귀담아들으려 하지 않았습니다. 그는 마치 처음부터 정해진 답을 가지고 온 사람처럼 단호하게 말했습니다. "관련 규정이 명확히 없다고 하더라도, 현재 설치된 데크 시설은 산림경영 목적의 필수 시설로 인정되기 어렵습니다. 따라서 철거하셔야 합니다."

정말 기가 막힐 노릇이었습니다. 아무런 명확한 법적 근거도 없이 단지 담당자의 주관적인 판단만으로 무조건 철거하라니! 저는 울컥 치밀어 오르는 감정을 간신히 누르며 하소연하듯 마지막으로 호소했습니다. "담당 수사관님! 저는 정말 모든 법규를 철저히 지켜가면서 어렵게, 정말 어렵게 여기까지 왔습니다. 이 넓은 임야에서 저희 같은 평범한 임업인이 제대로 자리를 잡고 성공적으로 사업을 할 수 있도록 국가가 적극적으로 도와주시지는 못할망정 이렇게 아무런 명확한 법적 근거도 없이 다 안 된다고만 하시면 대체 이 나라에서 누가 힘들게 임업인을 하려고 하겠습니까? 제가 정식으로 임업인이 되고 나서 국가나 지방자치단체로부터 실질적으로 어떤 도움이나 지원을 받은 것이 단 하나라도 있는지 아십니까?"

하지만 저의 그 간절한 하소연은 결국 차가운 사무실 벽에 부딪혀 공허한 메아리처럼 흩어질 뿐이었습니다. 결국 저는 시청의 딱딱한 분위기가 감도는 조서실이라는 낯선 공간까지 가야만 했습니다. 그곳에서 저는 마치 중범죄자라도 된 듯한 취급을 받으며 일반 경찰서에서나 받을 법한 강압적인 분위기의 취조를 받고 상세한 내용의 조서까지 작성해야만 했습니다. 특사경은 조사 과정 내내 "이거 법대로 엄격하게 처리하면 여러 가지로 복잡해질 수 있습니다.", "상황이 안 좋게 흘러갈 수도 있다는 점은 알고 계셔야 합니다."와 같은 말을 아무렇지도 않게 흘리며 저를 심리적으로 더욱 압박했습니다. 온몸의 피가 거꾸로 솟는 듯한 격한 분노와 참을 수 없는 억울함이 치밀어 올랐지만 저는 이를 악물고 끝까지 평정심을 유지하려 애썼습니다. 어차피 이러한 부당한 조사 절차에 대해 어느 정도 예상하고 있었고 여기서 제가 감정적으로 대응하는 것은 상황을 더욱 악화시킬 뿐 저에게는 백해무익하다는 것을 과거 광주에서의 쓰라린 경험을 통해 이미 뼈저리게 배웠기 때문입니다. 저는 속으로 깊은 쓴웃음을 지으며 묵묵히 모든 조사를 받고 그들이 작성한 조서에 마지막 서명을 하고 나왔습니다.

데크 문제 해결,
예상된 결과와 또 다른 기회

특사경의 강도 높은 조사가 끝나고 그 결과를 기다리는 동안 저는 의외로 이전보다 훨씬 더 차분하고 침착한 마음 상태를 유지할 수 있었습니다. 물론 국민신문고를 통한 민원 제기와 특사경의 직접적인 현장 조사라는 일련의 과정은 결코 유쾌하거나 가벼운 경험은 아니었습니다. 하지만 저는 이미 과거 광주에서의 사업 초기에 훨씬 더 극심한 민원과 부당하다고 느껴지는 여러 요구를 온몸으로 겪으며 단련되지 않았던가요. 무엇보다 저는 현재 제가 진행하는 모든 일이 합법적인 법의 테두리 안에서 이루어지고 있다는 확고한 믿음이 있었고 그동안 수많은 시행착오를 통해 관련 법규와 행정 절차에 대해서도 이제는 꽤 많은 지식과 경험을 갖추고 있었습니다.

그래서 저는 결과를 그저 초조하게 기다리기보다는 오히려 앞으로 예상되는 몇 가지 시나리오를 미리 그려보고 각각의 경우에 어떻게 지혜롭게 대응할 것인지를 차분히 구상하고 있었습니다. 제가 판단하기에, 저에게 명백한 법률 위반 사항이 없었으므로 가장 최상의 결과는 당연히 '무혐의' 처분이었고, 설령 담당 공무원이 민원인의 입장이나 어떤 다른 이유(예를 들어 조직 내에서의 실적 등) 때문에 굳이 문제를 삼는다고 하더라도, 최악의 결과는 기껏해야 저희가 설치한 '데크 시설에 대한 원상 복구(철거) 명령' 정도일 것이라고 예상했습니다. 조사 과정에서 언급되었던 과도한 언행들은 아마도 저를 심리적으로 압박하기 위한 의도일 가능성이 높다고 판단했습니다. 그래서 일단 모든 공사 진행은 잠시 중단하고 공식적인 결과를 기다렸지만 제 마음속으로는 이미 그다음 단계를 차근차근 준비하고 있었던 것입니다.

며칠 후 역시나 예상했던 대로 시청으로부터 공식적인 통보서가 도착했습니다. 그 내용은 제가 예상했던 시나리오와 거의 정확하게 일치했습니다. 다른 여러 가지 혐의에 대해서는 모두 법적으로 문제 될 것이 없다는 '무혐의' 처분이 내려졌습니다! 하지만 역시나 가장 논란의 소지가 있었던 '데크 시설'에 대해서는 '원상 복구(철거) 명령'이 떨어졌습니다. 비록 법적으로 데크 설치 자체를 금지하는 명확한 규정이 없음에도 불구하고 내려진 다소 아쉬운 결정이었지만 저는 크게 동요하거나 실망하지 않았습니다. 이미 어느 정도 예상했던 결과였고, 저는 여기에 대한 구체적인 대응책 또한 미리부터 어느 정도 생각해두고 있었기 때문입니다.

즉시 담당 부서에 연락해 감정적인 항의 대신 합리적인 대안을 제시했습니다.

"담당자님, 이 데크는 앞으로 제가 합법적으로 추진할 '관광농원'의 필수 기반 시설입니다. 지금 당장 철거하기보다는 제가 조속히 관광농원 인허가 절차를 진행할 테니 그 결과가 나올 때까지만 철거를 유예해주시면 감사하겠습니다."

저의 당당하고 구체적인 계획에 담당 공무원은 잠시 고민하더니 놀랍게도 저의 제안을 받아들여 무려 1년이라는 파격적인 유예 기간을 주었습니다. 이로써 저는 최악의 상황을 피했을 뿐만 아니라 '관광농원'이라는 더 큰 사업으로 나아갈 수 있는 아주 소중한 시간과 명분까지 얻어낸 것입니다.

그렇게 저는 저를 덮쳐온 마지막 파도를 오히려 더 큰 바다로 나아가는 추진력으로 바꾸어냈습니다. 길고 길었던 맹지와의 싸움 그 모든 법적, 행정적 장애물은 마침내 모두 정리되었습니다. 저는 드디어 오랫동안 저를 짓눌렀던 '산소호흡기'를 완전히 떼어내고, 제가 진정으로 꿈꾸는 특별한 공간을 창조해나가는 가슴 뛰는 작업에 모든 에너지를 집중할 수 있게 되었습니다!

마침내 터져 나온 결실,
이틀의 기적

 모든 법적, 행정적 장애물이 걷히자 제 도전은 이전과 비교할 수 없는 속도로 현실을 바꾸기 시작했습니다. 2025년 5월, 저희는 하나의 실험에 나섰습니다. 기존의 프라이빗 대여 방식에서 벗어나 더 많은 분이 부담 없이 이곳을 즐길 수 있도록 단체 입장 시스템을 도입했습니다.

 방문객 1인당 6천 원, 반려견 한 마리당 6천 원이라는 파격적인 가격에 여주 특산물인 맛있는 고구마 말랭이를 제공하는 행사를 열었습니다. 결과는 그야말로 '대박'이었습니다. 입소문이 빠르게 퍼지면서 행사 동안 무려 400마리, 700명이 넘는 반려견과 견주가 이곳을 찾아주셨습니다. 이것은 단순히 매출의 성공을 넘어 더 많은 분께 최고의 가치를 제공하겠다는 저희의 진심이 시장에 통했다는 증거였기에 더욱 기뻤습니다.

그리고 마침내 제 오랜 꿈이었던 '마당 있는 작은 집'의 첫 샘플 하우스가 위용을 드러냈습니다. 반듯하게 닦인 토지 위에 아담하면서도 세련된 모습으로 자리 잡은 첫 번째 집. 이제 사람들은 더는 제 허황된 꿈 이야기를 듣는 것이 아니라 눈앞에 실재하는 '결과물'을 직접 보고 만지며 미래를 상상할 수 있게 되었습니다.

그리고 바로 이 지점에서 지난 모든 고난의 시간을 한순간에 보상받는 기적 같은 일이 일어났습니다. 저는 그동안 저희를 믿고 응원해준 기존 고객들을 대상으로 '2세대 세컨드하우스 선분양'을 조심스럽게 공지했습니다. 그런데 믿을 수 없는 일이 벌어졌습니다. 공지를 올린 지 단 이틀 만에 준비했던 모든 세대가 계약 완료된 것입니다.

수년간의 멸시와 수많은 실패, 자금난 속에서 피눈물을 삼키며 버텨온 모든 순간이 주마등처럼 스쳐 지나갔습니다. 길 없는 산에서 맨몸으로 시작한 제 꿈이 마침내 사람들에게 진정한 '가치'로 인정받는 순간이었습니다. 이것이야말로 이 책을 통해 제가 증명하고 싶었던 가장 큰 결실이었습니다.

독심(DOGSIM), 세상을 바꾸는
반려견 생태계를 꿈꾸다

'이틀 만의 완판'

이 짜릿한 성공은 제게 더 큰 확신과 사명감을 안겨주었습니다. 저는 이제 단순히 집을 짓고 땅을 파는 사업가를 넘어 다가올 미래를 준비하는 새로운 '생태계'를 설계하기 시작했습니다. 그 원대한 프로젝트의 이름은 바로 '독심(DOGSIM)' 입니다.

최근 저는 이 꿈을 현실로 만들 또 하나의 중요한 관문을 통과했습니다. '근린생활시설' 15채에 대한 인허가가 법적 문제가 없다는 확답을 들었고 분양을 계획하고 있습니다.

어쩌면 몇몇 분은 '근린생활시설'이라는 이름의 편법적인 개발 방식을 우려할지 모릅니다. 주거용으로 쓸 수 없는 건물을 짓고 불법으로 분양해 결국 소비자가 모든 피해를 떠안는 사례들 말입니다. 하지만 저의 '독심빌리지'는 근본부터 다릅니다. 저희는 법의 테두리 안에서 실제로 근린생활시설 목적에 맞게 운영되는 진짜 '반려견 비즈니스 단지'를 만들고 있습니다. 이곳에 입주하는 분들은 애견 미용, 목욕, 카페, 관련 제품 판매 등 합법적인 사업을 운영하며 반려견과 함께 경제적으로 자립하게 될 것입니다. 이것은 편법이 아닌 반려견 시장의 성장을 이끄는 합법적이고 지속 가능한 생태계 그 자체입니다.

'독심(DOGSIM)'은 세 가지 뜻을 가진 하나의 약속입니다

dog心: 강아지의 마음을 먼저 읽습니다.
讀心: 반려인과 비반려인의 마음을 읽고 있습니다.
DOGSIM: 데이터를 바탕으로 공존을 시뮬레이션하고 검증합니다.

우리는 이 철학으로 '독심센터(교육 · 입양)', '독심빌리지(마당공유 · 자연놀이터)', 'DOGSIM 테스트베드(펫테크 실증)'를 운영합니다. 이 핵심 프로젝트는 다음과 같습니다.

첫째, 혁신적인 공유 시스템을 구축합니다

저는 '관광농원' 인허가를 통해 단지 내에 합법적인 숙박 시설을 제공할 것입니다. 방문객들은 단순히 방만 예약하는 것이 아니라 '숙박 + 약 4,000평 자연 놀이터 + 입주민의 100평 프라이빗 마당'을 하나의 패키지로 저렴하게 이용하게 됩니다. 입주민들은 자신이 쓰지 않는 시간대에 마당을 공유해주고 판매 수익을 분배받습니다. 이는 입주민에게는 안정적인 부가 수익을, 방문객에게는 상상 이상의 만족을 주는 완벽한 윈윈(Win-Win) 시스템입니다.

둘째, 입주민이 주인이 되는 마을을 만듭니다

'독심빌리지'의 입주민들은 단순히 공간을 이용만 하는 것이 아닙니다. 자신의 공간에서 애견 미용, 목욕, 관련 제품 판매 등 반려견과 함께하며 부업 혹은 주업까지 할 수 있는 자립형 커뮤니티를 형성할 것입니다. 반려견을 가장 잘 아는 사람들이 최고의 전문가가 되어 경제 활동을 하는 선순환 구조입니다.

셋째, 비반려인의 마음을 움직이는 '독심유기견센터'를 만듭니다

저는 이곳에서 '비반려인이 유기견과 함께하는 하루' 체험 프로그램을 운영할 것입니다. 아름다운 '독심빌리지'와 드넓은 자연 속에서 비반려인들에게 반려견 에티켓 같은 기초적인 교육을 제공하고, 함께 산책하며 교감하는 시간을 가질 것입니다. 이 특별한 하루를 통해 비반려인들은 책임감 있는 반려인의 삶을 간접적으로 경험하고, 반려인에 대한 편견을 깨며, 나아가 새로운 가족이 되어줄 기회를 얻게 될 것입니다. 이곳은 '독심(讀心)'의 철학이 가장 깊이 구현되는, 사람과 강아지의 마음을 잇고 나아가 비반려인과 반려인의 갈등을 메꾸어주는 가장 따뜻한 공간이 될 것입니다.

넷째, K-반려견 투어의 중심지가 됩니다

최근 반려견과 함께 해외여행을 하는 트렌드가 떠오르고 있습니다. 저는 한국의 '독심빌리지'를 거점으로 외국인 관광객이 반려견과 함께 머물며 최고의 시설을 체험하고 주변 관광까지 연계하는 '애견 동반 관광 프로그램'을 만들 것입니다.

다섯째, 미래 산업의 테스트 필드가 됩니다

반려견과 견주의 건강을 생각하는 시대, 저는 도심이 아닌 이곳의 드넓은 자연 속에서 축적되는 살아 있는 데이터를 국내 유수의 '펫테크(Pet-Tech)' 기업에 'DOGSIM 테스트베드'로 제공할 것입니다. 'DOGSIM'이라는 이름처럼 이곳은 미래 반려견 산업의 혁신이 시작되는 심장이 될 것입니다.

길 없는 산에서 100억의 가치를 찾겠다던 제 꿈은 이제 '세상을 바꾸는 반려견 생태계'를 만들겠다는 더 큰 비전으로 진화했습니다. 그리고 저는 이 '독심빌리지'를 이곳 여주에만 머무르게 하지 않을 것입니다. 이 성공적인 모델을 바탕으로 전국 각지에, 더 나아가 전 세계에 제2, 제3의 '독심빌리지'를 만들어 체인화하는 것이 제 다음 목표입니다.

저는 마침내 깨달았습니다. 제가 길 없는 산에서 찾은 것은 단순히 100억 원이라는 돈의 가치가 아니었습니다. 그것은 사람과 반려견이 함께 행복하고 자연 속에서 경제적으로 자립하며 다가올 미래를 주도할 수 있는 새로운 '생태계' 그 자체였습니다. 돈으로는 환산할 수 없는 100억 그 이상의 가치를 저는 이곳에서 발견했습니다.

이 이야기는 저의 성공기가 아니라 당신도 당신만의 길 없는 산에서 세상을 바꿀 수 있다는 가능성의 증거가 되기를 소망합니다. 저의 도전은, 그리고 당신의 도전은 이제 막 시작되었을 뿐입니다.

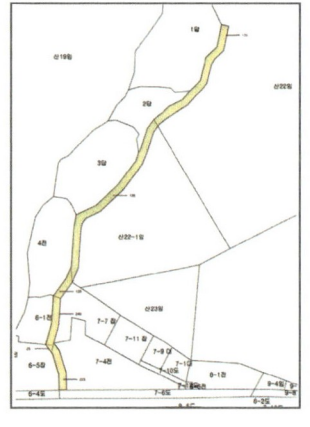
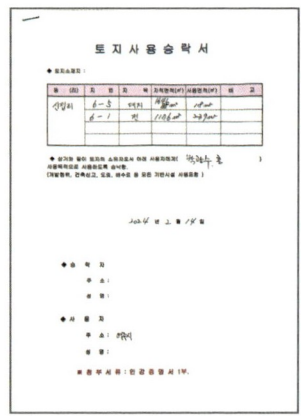
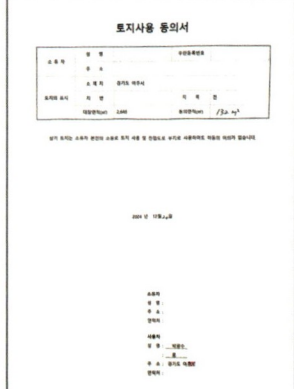
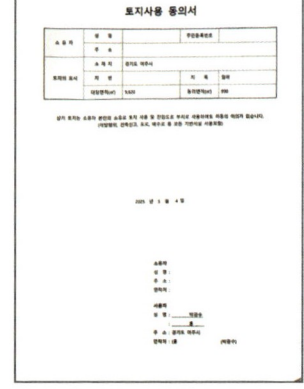

7부 멈추지 않는 도전, 100억 자산가를 향한 현재와 미래

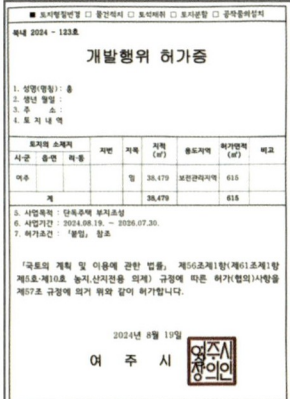
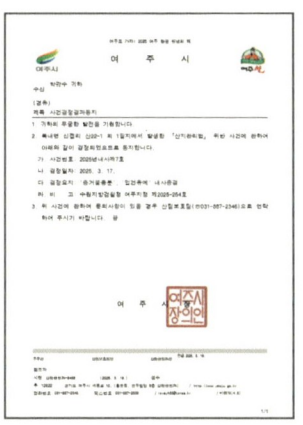

7부 멈추지 않는 도전, 100억 자산가를 향한 현재와 미래

길 없는 산에서 100억 가치를 찾다

- 기명자가 없는 사체로 토지소유를 이유 ○○○○시 사용 회사 소유한 "갑" 이 부담하기로 한다.
- 기재된 사항은, 별지에, 대표 등
- "갑" 본 계약공사에에, 제안 다른 비용을 "을" 에게 부담하지 않는다.

※ 기타사항
1. 본 계약에 명시되지 않은 사항은 관련 법규 및 부동산 거래 관행에 따른다.
2. 본 계약의 효력발생과 동시에 발생 이주상용은 별도로 제시한다.

본 계약서는 상호 신의성실의 원칙에 입각하여 작성하였으므로, 이를 증명하기 위해 "갑" 과 "을" 이 서명, 날인하여 각각 1통씩 보관하기로 한다.

2025 년 8 월 22 일

"갑" (매도인)
주 소 : 경기도 여주시 북내면 신접리 1-5
주민등록번호 :
성 명 : 홍   박정수
연 락 처 :

"을" (매수인)
주 소 :
주민등록번호 :
성 명 :
연 락 처 :

7부 멈추지 않는 도전, 100억 자산가를 향한 현재와 미래

갈무리하는 글

당신의 위대한 점프를 응원하며

저의 길고 험난했던 그리고 여전히 현재 진행형인 이 치열한 도전의 여정을 여기까지 함께 읽어주신 모든 독자 여러분께 진심으로 깊은 감사의 인사를 전합니다. 경제적으로 어려웠던 흙수저 소년이 스노보드 국가대표라는 예상치 못한 길을 거쳐 아무것도 없는 맨몸으로 미지의 땅이었던 임야를 개척해나가기까지 제 부족한 이야기가 독자 여러분의 가슴 속에 작은 울림이나마 전달되었기를 간절히 소망합니다.

어쩌면 여러분은 제 이야기를 통해 '나도 한번 도전해볼 수 있겠다'는 새로운 용기를 얻으셨을지도 모르고 혹은 '임야 투자'라는 다소 생소하고 멀게만 느껴졌던 새로운 세계에 작은 호기심을 갖게 되셨을지도 모르겠습니다. 하지만 여러분이 앞으로 어떤 분야에서 어떤 꿈을 꾸시든 어떤 새로운 도전을 시작하시든 제가 모든 경험과 시행착오를 통해 온몸으로 깨달은 몇 가지 중요한 삶의 진리를 마지막으로 꼭 당부드리고 싶습니다.

이것은 앞으로 여러분이 걸어갈 위대한 여정에서 혹시 넘어지더라도 다시 꿋꿋하게 일어서도록 돕고 올바른 방향을 잃지 않도록 이끌어줄 기본적인 '인생의 지도'이자 '성공의 나침반'이 되어줄 것이라 확신합니다.

현금보다 가치 있는 '실물 자산'에 집중하라

우리가 사는 이 시대는 하루가 다르게 돈의 가치가 변동합니다. 특히 우리가 손에 쥔 현금은 인플레이션이라는 거대한 파도 앞에서 너무나 쉽게 가치를 잃곤 합니다. 은행 예금은 당장은 안전해 보이지만 결코 당신을 진정한 부자로 만들어주지 못합니다. 진정한 부는 시간이 흘러도 본질적인 가치를 잃지 않거나 오히려 상승하는 '실물 자산'을 직접 소유하고 그것을 정성껏 키워나가는 과정에서 창출됩니다.

'현금 부족' 위기를 '레버리지' 기회로 만들라

아마 이 책을 읽는 동안 제가 얼마나 자주 '돈이 없다'고 솔직하게 말했는지 기억하실 겁니다. 그것은 결코 '이제 모든 것이 끝이다.'라는 희망 없음을 의미하지 않았습니다. 오히려 저는 '시간이 지날수록 가치가 상승하는 실물 자산'이라는 강력한 미래 기반을 먼저 확보하고 당장의 부족한 현금 문제를 해결하기 위해 '레버리지'(은행 대출, 투자 유치 등)를 적극 활용해 미래의 더 큰 자산을 만들어나갔습니다.

진정한 경제적 자유, '부동산 경매'는 필수다

다른 사람들이 어렵다고 생각하거나 위험하다고 선뜻 나서지 못하는 바로 그곳에 진정한 기회가 숨어 있는 경우가 많습니다. 특히 대한민국이라는 땅에서 '부동산 경매' 시스템은 국가가 법적으로 절차와 권리를 보호하는 안전한 테두